Rodolfo   Velazco   C.

# LA
# SOSPECHA

**Mi experiencia con Covid-19**

**Autor-Editor:**
**Rodolfo  Velazco   Cervantes**
Jr- Huamanga 165-Dpto 605 Magdalena del Mar-
Lima-Perú


Hecho el Depósito Legal en la Biblioteca Nacional del
Perú   N° 202009125


*1a. edición – Diciembre del 2020*


**Se terminó de imprimir en diciembre de 2020:**

GITISAC
Industria Edigraf
Jirón Azángaro  N· 1407 – Lima
RUC  20546822126

Con mucho amor …

Para:  Mi
esposa Rosa,
y mis
hijos:
Kelin,  Manuel, Paola ,Samuel
y Thiago

Para todas las personas que perdieron por la Covid 19 a sus seres queridos en el Perú y en el mundo.

Para todos los hombres y mujeres que aman y creen en un Dios Creador, por su fe, por su amor.

<u>**LA   SOSPECHA MI EXPERIENCIA   CON COVID 19**</u>

*Primera Parte*

## Manuel y Emili

Nos encontrábamos   en el Aeropuerto Internacional Rodríguez Ballón de la ciudad de Arequipa, las salas de embarques estaban llenas de pasajeros, todos estaban atentos a los comunicados que se daban   cada 10 o 15 minutos por los parlantes ubicados en los salones, eran las ocho de la noche y por los pasillos no se podía caminar, habían tantos pasajeros que no dejaban espacios libres, mi esposa Emili y yo, llevábamos como equipaje nuestras pequeñas mochilas permitidas a bordo, afuera de los salones, en los jardines exteriores y en la zona de parqueo, habían muchos pasajeros que de vez en cuando ingresaban al local, habíamos llegado hacía unos minutos y nos acercamos al *caunter* de la empresa a preguntar sobre nuestro vuelo, nos dijeron que durante el día se habían suspendido ocho vuelos por el mal tiempo y que todos esos pasajeros al igual que nosotros estaban esperando realizar su viaje, todos esperaban que la intensa neblina que había en la ciudad y por la zona del aeropuerto se despejara y tal vez así se podría permitir que un avión partiera de Lima o del Cuzco hacia Arequipa, en un momento de ansiedad quise salir del salón.

— Voy afuera para ver cómo está el clima, regreso en unos minutos.

— Ve nomás Manuel, yo voy a permanecer en este lugar, pero está atento a tu celular por si te llamo.

Me alejé  del lugar y pasé por otra sala,   en mi camino pude observar a diversidad de pasajeros,  algunos cansados de esperar quizás muchas horas,  estaban sentados en el piso, puesto que los asientos  que existían en las salas  estaban ocupados, habían pasajeros nacionales y extranjeros, unos eran mayores y otros niños,  por los parlantes   logré escuchar: Atención a los pasajeros de Viva Air,  se les comunica  que el vuelo  de las veinte horas   ha sido suspendido,  por lo que se pide a los pasajeros que  internaron su equipaje acercarse por el *caunter* para su devolución, así mismo se les informa que en el lapso de veinticuatro horas  se les comunicará en sus mails la fecha de  su próximo vuelo. En  eso  llegué a las puertas  que comunican con los exteriores del aeropuerto,  salí al patio del edificio y  allí contemplé  la zona de parqueo de  vehículos,  muchos  tenían sus luces  rojas encendidas, luz que  se podía apreciar  en medio de la densa neblina, yo estaba preocupado en esa situación , teníamos dos vuelos en dos empresas diferentes,  uno a las nueve de la noche  y el otro a las once, en ese momento todo  me parecía  raro, adverso,   nunca imaginé encontrarme en una situación así,  problemas  surgidos por el  clima que impedían los vuelos,  pregunté a algunos policías que  estaban en el patio, del porque había  tanta gente, me dijeron:

— Todo el día ha estado así, con mal clima, por lo que se han suspendido más de diez vuelos, solo en la mañana han logrado salir algunos.

— Gracias señor y usted cree   que esta neblina ¿se irá hasta las once de la noche? —pregunté.

— Sí. tal vez hasta esa hora se logre despejar —me respondió.

Me quedé un rato  en los exteriores del aeropuerto, pensaba que  quizás  el vuelo de las nueve  también sería suspendido,  porque  la neblina era muy fuerte,  no se miraban los carros  que estaban a unos  quince o  veinte metros, tampoco a las personas,  en ese  rato comprendí del porque la suspensión de vuelos, los pilotos de los aviones  tenían poquísima visión  y aterrizar  a la velocidad  de 250   kilómetros  por  hora   era demasiado riesgoso,  era preferible  suspender los vuelos,  me decía:  ojalá que para las 23 horas, el clima mejore y el lugar esté despejado, pasaron unos minutos y llamé a Emili por el celular, contándole  que me encontraba en el exterior del local  y que efectivamente  afuera existía una densa neblina  que iba a ser  imposible  la llegada de aviones,  que  me encontraba bien, me senté en una jardinera  de los exteriores  a contemplar el panorama, había  neblina, el aire era fresco y el lugar  estaba muy bien.

En ese tiempo  que permanecí en el patio,   me puse a pensar  qué había sucedido tan solo  días atrás,   el viernes 13 de marzo,  me había quedado hasta las nueve de la noche en el trabajo, siendo  la salida a las seis, el propósito  era el de adelantar con  el balance  anual  y poder  gozar de  quince días de vacaciones,  el personal de apoyo ya tenía   todas las cuentas en orden por lo que  valía  el esfuerzo  de  tenerlo adelantado y terminado, saldría  de vacaciones a partir del martes 17 de marzo, esa mañana, Mónica  la jefa del área de Logística ingresó a  la oficina contable   trayendo un spray y otro envase con alcohol.

— Señor Cervantes esto es para su oficina para uso del personal, pues han indicado que todo el personal debe echarse el alcohol al ingresar a la oficina, también le comunico que    han suspendido los saludos, está prohibido darse las manos y los abrazos.

Escuchar esas palabras me impresionó, estaba tan ocupado en ese instante que no le comenté nada, solo atiné a decirle

— Está bien Mónica, por favor ponlo encima de esa vitrina para que todos los puedan usar.

Hasta ese momento todos en la oficina nos habíamos dedicado a trabajar muy duro para tener nuestros estados financieros al día y poderlos presentar en los plazos establecidos.

El día sábado, por la tarde salimos con Emili a comprar algunos víveres para el fin de semana, fuimos al súper mercado Plaza Vea en la avenida La Marina, al llegar a la zona de estacionamientos pudimos observar que la zona de parqueo estaba casi llena, mucho más que   la acostumbrada zona vacía del lugar, bajamos por la escalera eléctrica y llegamos a la zona comercial, nos sorprendió el ver a tanta gente en dicho lugar.

— Mira qué raro que el local esté   lleno de gente, !algo está pasando! — exclamé.

Fuimos por la zona de víveres donde venden  arroz, azúcar y las estanterías estaban vacías, recorrimos  las zonas  de venta de   fideos  y aceites  y estos mostraban los stock mínimos, cogimos algunos paquetes de fideos, un litro de aceite, dos latas de leche, sabíamos que el lunes por la noche viajaríamos a Lima , permaneceríamos unos días hasta el sábado cumpleaños de mi hijo Matías, el domingo por la noche emprenderíamos vuelo a Sao Paulo y Rio de Janeiro, donde pasaríamos una semana de vacaciones. La gente compraba exageradamente, los coches de compras estaban repletos de víveres y otros bienes, Emili me comentó algo que yo ignoraba hasta ese momento.

— He escuchado noticias que posiblemente haya suspensión de los trabajos y que van a cerrar los mercados por unos días, y por eso la gente se está proveyendo de víveres.

— No lo sabía, pero nosotros nos vamos a ir, allá en Lima si tenemos que comprar para tener en casa lo necesario - le contesté.

Aquella noche, luego de comprar lo necesario hasta el día lunes, abandonamos aquel súper mercado y nos enrumbamos para la casa, estábamos tomando un té, cuando mi hija Penélope llamó por celular, "Pienso mamá que su viaje a Brasil ya está frustrado, no creo que puedan realizar ese vuelo" y continuaron conversando normalmente con Emili, la cual no se inmutó para nada por las opiniones de Penélope, yo permanecí callado cerca a Emili y pensaba: cómo no voy a realizar ese viaje, esas vacaciones si todos estos meses han sido mis sueños, tal vez los vuelos sean suspendido acá pero no para el extranjero y así esa noche me dormí muy preocupado por lo que podría suceder, los pasajes comprados, la separación de los hoteles y los tours, el esfuerzo desplegado por mis compañeros de la oficina, no podía perderse así nomás todo lo planeado.

11

El día domingo    Matías  y  Penélope  llamaban insistentemente  por celular,  mientras Emili conversaba con ambos,  yo me dediqué a  arreglar  mi  ropa y otras cosas que llevaría  para  el  viaje  de  vacaciones,  a  medio  día       por comunicación  de  mis  hijos,    prendimos  la  televisión,   el presidente  de la república Martín Vizcarra estaba dando un mensaje  a  la  nación,   anunciaba  de la presencia de un virus mortal y nuevo,  que estaba  diezmando a la población en Europa y que  en aras de prevenir el contagio,  se declaraba al país en emergencia    nacional,      suspendiendo    las    garantías constitucionales,  como  la inviolabilidad del domicilio,  el libre tránsito de la personas  y el derecho a reuniones, todo empezaría a regir desde el martes, ya que al día siguiente  saldría publicado en  el  diario  oficial  El Peruano,   dicho mensaje  me cayó de sorpresa,  sabía algo de lo que estaba pasando en el mundo pero no lo creí para tanto.  Esa noche   Matías   nos comunicó que había comprado dos pasajes para el día lunes en la noche, ya que el vuelo que teníamos comprado meses antes era para el martes en la mañana y que tal vez para ese día ya no permitirían viajar.

Es por esa razón que nos encontrábamos esa noche en el aeropuerto,  Emili había gestionado en el *caunter* de la empresa aérea  para   que nos adelanten el vuelo del martes para  esa noche del lunes, el nuevo pasaje comprado  era en otra  empresa, pronto se hizo las nueve de la noche, me acerqué al escaparate de una de las  empresas  los trabajadores me dijeron que  se habían comunicado con Lima  y que ya había salido  un avión  para Arequipa hacía diez minutos puesto que  las condiciones del clima  se habían mejorado  y no habría problema,  eso me dio tranquilidad por unos minutos,  todos los pasajeros de  ese vuelo empezamos  a formar cola para subir a la sala de embarque ubicada en el   segundo nivel. Pasaban los minutos, Emili también estaba en la cola, pero por momentos se iba al *caunter* de la otra empresa, para averiguar, yo la esperaba impaciente.

— ¿Qué te han dicho? -le pregunté.

— Dicen que saldrán dos aviones de Lima, el de las diez y el de las once, si no nos vamos en este vuelo nos vamos en el de las once  – contestó Emili.

Poco después, los pasajeros de otra empresa  abandonaron el aeropuerto, aun así   los salones  del aeropuerto se veían llenos, en eso,  una señorita me comunicó que  el vuelo que había salido de Lima hacía 15 minutos se había cancelado, el avión tuvo que  regresar   por órdenes de  autoridades aeroportuarias, grande fue mi decepción,  pues  esos minutos mientras  formaba la cola imaginé llegar a Lima,  imaginé conversar con Matías   en el trayecto hacia el departamento, estar en casa antes de la media noche.

En la cola  la gente comentaba que  en Lima   todas las calles estaban controladas por  la policía y  los militares del ejército , la marina y la aviación y que no permitirían transitar a nadie después de las doce de la noche, que los llevaban a la comisaría, a ratos  pensaba  que el destino quería que no realicemos ese viaje, nos quedaríamos en Arequipa,  me imaginaba que  las vacaciones quedarían frustradas, también pensaba que mis dos hijos se unirían más que nunca estos quince días y se apoyarían en todo, Matías  iría a la casa de Penélope a almorzar y que mi hijo tendría  que aprender a supervivir solo en casa, ya que  confirmaron que  no habría  restaurantes ni otros lugares públicos para la atención de la gente. Al conocer la noticia que el vuelo fue anulado, algunos pasajeros empezaron a

13

gestionar la devolución de sus equipajes, nosotros solo llevábamos nuestras pequeñas mochilas; ya eran las diez de la noche, empecé a preocuparme por los últimos vuelos, todas las personas que allí estaban deseaban viajar esa misma noche, pronto la otra empresa anunció que ya había partido de Lima el avión de la diez y que se esperaba la confirmación del último vuelo el de las once.

De pronto  anunciaron que nosotros, Emili Vasconcelos y yo Manuel Cervantes podíamos viajar en el vuelo de las diez, así nos permitieron subir a la sala de embarque  en el segundo nivel, pasados unos minutos la señorita de la línea aérea y sus acompañantes anunciaban  que el  avión estaba por llegar  a la ciudad de Arequipa y que  empezáramos a  formar cola  para abordar, nos levantamos de los asientos en eso sentimos los motores del avión que  aterrizaba,  una sensación de algarabía llegó a mi  corazón,  los temores se disiparon, aún llegaríamos a tiempo a Lima y podríamos transitar sin mayores problemas, repentinamente  el sonido de los motores del avión  se dejaron de percibir, la señorita de la empresa anunció que  la visión  estaba aún no apta pero que  el piloto del avión  iba a hacer un segundo intento,  nos preocupamos,  rogábamos para que  pudiera aterrizar, sin embargo el sonido del avión no lo volvimos a escuchar, pasaron 5 y 10 minutos y nada,  es más  la trabajadora indicó que  el piloto decidió no  aterrizar y retornó a la ciudad de Lima,  todos nos llenamos de ira,  de desilusión,  me enojé muchísimo por la irresponsabilidad del piloto el cual  no hizo el segundo intento y con ello se desvanecían  las ilusiones de viajar esa noche.

En ese momento  las salas  de esperas se empezaron  a llenar de más pasajeros que subieron del primer piso,  en otra sala estaban  los pasajeros de las once,  por la cantidad de gente, sabía  que iba a ser imposible abordar ya,  no habría ningún asiento disponible  y tal vez hasta muchos de esos pasajeros  no subirían, pronto llegó el último avión,  el ambiente se caldeó, finalmente  todos los pasajeros del segundo nivel se juntaron, ya no había distinción ni respeto por la sala,  todos gritaban y se desesperaban ´por estar adelante en la cola (no había cola) todo eran empujones, nosotros estábamos adelante, pegados al vidrio, yo sentía  sobre mi toda la fuerza de la gente que  quería traer abajo  las puertas de vidrios,  no podía soportar más,  prefería salir de ese incómodo lugar,   la presión  de los pasajeros era muy grande me sentía muy incómodo entre la muchedumbre y los vidrios  de las puertas.

Al otro lado del vidrio  aparecieron  más de una docena de policías  con cascos,  escudos y varas,  amenazantes, tal era la fuerza de la gente que  en un momento se abrió  una de las puertas, empujando a los controladores,  los que se hicieron a un lado, la policía empezó a intervenir, a Emili en un momento casi la asfixian y ella  traspasó la puerta pero la detuvieron, en eso por  otra puerta empezaron a salir pasajeros  hacia la manga, todo era un descontrol,   algunos de los que me presionaban corrieron hacia  esa puerta y entonces me liberé y dejé  de estar tan apretado.

Detrás mío había  muchísima gente  que protestaba   e intentaba traspasar la puerta   y coger la manga hacia el avión, en un instante  otra vez sentí el empuje de los pasajeros y se abrió la puerta y me encontré  en el umbral  que conducía hacia la manga,  entonces caminé hacia ella, Emili no   estaba detrás mío, en eso la muchedumbre protestó para que me detuvieran, unos policías me cerraron el paso y me forzaron a que abandone



Rodolfo Velazco Cervantes

el lugar, sin embargo a otros  no y eso es lo que me indignó, vi a Emili  muy lejos y opté por  salir de ese lugar, vimos que otra vez el tumulto protestaba, entonces  decidimos que mejor seria abandonar el aeropuerto  e irnos para la casa, ya era casi la una de la mañana,  durante el trayecto a casa conversamos en el taxi que  si no era posible viajar  postergaríamos el viaje al Brasil, nuestros hijos  se tendrían que apoyar durante estos quince días de emergencia  y que  nos resignaríamos  a afrontar  la  realidad.

Al día siguiente martes,  escuchábamos las noticias  del nuevo panorama, en la televisora local informaban que mucha gente se encontraba  en el aeropuerto solicitando el traslado hacia Lima  en  vuelos  humanitarios, yo todavía sentía mucha cólera e indignación  de lo que habíamos experimentado la noche anterior,  por eso ni  le presté  atención a tales noticias y me dije a mi mismo: como voy a estar ahí  afuera del aeropuerto horas de horas esperando   la posibilidad de viajar,   ¡ni loco que fuera para ir en esas condiciones¡

El miércoles 18 de marzo, temprano en la mañana mientras arreglaba el dormitorio, Emili conversaba con una amiga por celular, al rato asomándose al dormitorio me dijo:

— Sabes acabo de conversar con Beatriz y me dice que en este momento    hay gente que está acudiendo al aeropuerto para viajar a Lima en un vuelo humanitario, anoche no he dormido  pensando que no puede ser posible que nos quedemos acá sin hacer nada,  yo me voy a Lima de todas maneras,  no podría  vivir  sin ver a mis hijos y dejarlos solos en esta situación, así es que por favor acompáñame por lo menos hasta el aeropuerto y tu te regresas si  no  quieres viajar.

—  Está bien — le dije— te puedo acompañar si tú quieres, así es que alista tus cosas.

Al rato, Emili se acercó a mi silla donde estaba sentado.

—  Toma  —  dándome  su  celular—  es Penélope  y  quiere hablar contigo.


Penélope  entre  otras  cosas  me  habló   que   como  iba  a permanecer solo  estos  quince días,  que por lo menos  disfrute mis vacaciones fuera de la casa  y  en compañía de la familia, le expliqué   lo que sucedió el lunes por la noche y la cólera que sentía contra  la línea aérea, hasta ese momento  pensé que un avión  de  la  empresa  era  la  que   requería  de  pasajeros  para completar  su cupo y así no verse perjudicada y retornar a Lima con el avión vacío,  de mala gana accedí a ir al aeropuerto con Emili,  la  cual  mientras  conversaba  con  Penélope  ya  había armado mi mochila con algunas cosas, de mala gana  me puse una casaca  y traje conmigo mi documentación.

Al salir a la calle, pude notar que no había mucho tráfico de vehículos, a menos de veinte metros de la casa  está la avenida Dolores, la cual  se encontraba  vacía y silenciosa, no pasaba ningún vehículo ni gente, de hecho el panorama era raro,  luego de unos minutos apareció un taxi y lo tomamos,  nos cobró el doble  de lo que usualmente se pagaba, el chofer estaba medio nervioso, nos hablaba y hablaba mucho, nos decía mejor me voy por acá o por esta calle, allá está la policía, las calles estaban solitarias, en la esquina para bajar a Vallecito,  el pasar frente a la patrulla de militares  que estaban en la calle San Juan de Dios y avenida Salaverry fue inevitable, les dijimos que íbamos al aeropuerto en un viaje de urgencia  y nos dejaron pasar y todo el trayecto hasta el aeropuerto a doce kilómetros del centro de la ciudad  sucedió igual.

El taxi  nos dejó como a dos cientos metros de la puerta del aeropuerto y desde allí vimos  que una cola  no muy larga  estaba cerca a las puertas del ingreso al aeropuerto, otras personas también caminaban  apurados para colocarse en  la cola, dejé atrás a Emili,  puse las mochilas en el suelo y me dirigí hacia donde estaban los militares de la Fuerza Aérea y  de Indeci, les hablé de la urgencia  y necesidad de viajar, el jefe me escuchó y me dijo que no había problema que formara la cola, regrese a mi sitio y le  comuniqué a Emili lo comentado por el militar, entonces ella  para reforzar  lo dicho se dirigió donde estaban los militares y allí  permaneció un buen rato, había periodistas de televisoras locales  y  me  entrevistaron  sobre  la  situación presentada en el aeropuerto.

Luego de casi 40 minutos la cola empezó a  moverse , entonces Emili me llamó y abandoné la cola y fui hacia adelante, al parecer teníamos alguna preferencia, caminamos    los quinientos metros que separa  el ingreso hasta el edificio y allí nos detuvimos  los supuestamente seleccionados para  tomar el avión.  Se trataba de un vuelo humanitario que la Fuerza Aérea e Indeci estaban dando a los ciudadanos que   necesitaban viajar y el vuelo sería en un Boeing de la Fuerza Aérea, en el patio personal médico nos  pasó  una revisión de temperatura y unos test, pasado  el  examen  (a  una  persona  la  descalificaron) ingresamos al edifico del aeropuerto y después de unos minutos nos anunciaron que el avión llegaba de Lima y que pronto empezaríamos el abordaje.

Efectivamente, a los pocos minutos luego que bajaron los pasajeros de Lima abordamos el avión, el ánimo cambió un poco, a mi mente otra vez aparecían ilusiones, sin pensarlo me encontraba a punto de realizar el viaje humanitario, Emili también se animó un poco y hasta me tomó una fotografía, la cual la colgué en mi Whats App. El viaje se realizó en normalidad y en el mismo tiempo que los aviones de las empresas aéreas particulares, iba conversando con Emili que hasta hacia dos horas yo pensaba que nos trasladaríamos en un vuelo comercial.

Al arribar al grupo aéreo Número 8 de la FAP; los militares nos indicaron que la fuerza aérea estaba a nuestro servicio y nos recomendaban cuidarnos por la pandemia del Covid 19. Matías nos trasladó hacia el departamento en Magdalena del Mar, estaba con una mascarilla o tapa boca color celeste que nos pareció nuevo ver, en el trayecto hacia la casa, todas las avenidas y calles principales estaban controladas por las fuerzas militares y la policía, por suerte nadie nos dijo nada por el no uso de nuestras mascarillas. En casa recién me enteré lo que venía ocurriendo en el país, debido a la pandemia que se desarrollaba en Europa, el mundo estaba en alerta, un turista peruano que había llegado de Europa, el 06 de marzo fue detectado como el primero que presentaba los síntomas provocados por el Coronavirus, la gravedad de la situación había obligado a los gobiernos de gran parte del mundo a decretar los estados de emergencia y los confinamientos.

El día 19 de marzo anunciaron el primer fallecimiento en Lima de un hombre mayor de 78 años, eso nos llenó de gran pánico, el fallecido padecía de hipertensión arterial provocada por el nuevo corona virus y diagnosticado  por la nueva enfermedad denominada Covid-19, la cual entre  sus síntomas iniciales eran fiebre, aparición de tos seca,  pérdida de los sentidos del olfato y del gusto y  deficiencia respiratoria,  los pacientes según reportes e informes de países europeos como Italia y España  informaban que  la gente moría por  hipoxia. Todos en la ciudad permanecíamos encerrados hacia algunos días, un temor  sordo empezó a inundar en nuestros cerebros, un temor ciego y  grande  a lo desconocido, nadie en el mundo sabía de qué se trataba,  lo que daba temor era  que se moría por insuficiencia respiratoria severa y sus derivados,  también el temor era por  los adultos mayores, eran  los más vulnerables, todo empezó a  hacerse   más difícil porque nadie sabía qué hacer.

Los noticieros en la televisión informaban a diario sobre los nuevos casos presentados, la gente   o por lo menos los que conocíamos   nos comunicaban que no había que salir a la calle, por ningún motivo, salvo el de hacer compras urgentes como medicinas, alimentos o ir al banco para obtener dinero. Recién habíamos llegado hacia dos días a Lima y las cifras de contagiados ya eran del orden de los 230 casos confirmados, en el mundo para esta fecha ya se contaba con más de 242 000 contagiados y más de 9800 muertos.

Dos días después celebrábamos el cumpleaños 30 de Matías, fue el cumpleaños más triste y solitario que habíamos experimentado hasta el momento, me parecía extraño que mi hija Penélope  su esposo Samuel y su hijo Thiaguito de 5 años no vinieran a la casa, el día anterior al cumpleaños, llegó de

Colombia, Mary la enamorada de Matías, había estado en Bogotá tres meses para su pasantía en medicina psiquiátrica y tampoco vino al cumpleaños. Todas las nuevas cosas me fueron impresionando, el no poder salir a la calle libremente, el usar mascarilla para salir de casa, las noticias en la televisión de los sucesos del día, eran los que marcaban más la nueva realidad.

La gente encerrada en sus hogares  pasaban el mayor tiempo  mirando televisión casi todo el día, en nuestro caso, normalmente mirábamos los noticieros de medio día  y los de la noche,  poco a poco  se iba informando del virus así como el trabajo  y la lucha que iban librando los héroes  del día:  los médicos, las enfermeras y todo el personal  técnico médico que combatía  día y noche  contra un virus desconocido, el Coronavirus que causaba la enfermedad Covid 19,  los noticieros del mundo informaban  del origen del virus,  que había surgido en Wuhan, una ciudad en China.  En ese momento todos estaban desconcertados, se luchaba frente a un enemigo invisible, la peor crisis  estaba en ese momento en Europa, países como Italia, España, Francia, Reino Unido, Bélgica y Alemania reportaban la pandemia, eran miles los contagiados y los muertos ocasionados por el nuevo coronavirus o Sars CoV-2, allí el virus estaba diezmando a la población.

Desde el día 19 de marzo fecha de la primera muerte ocurrida en el país, las autoridades sanitarias, reportaban a diario y de forma detallada los contagios y los decesos ocurridos, algo que me sorprendió mucho era el  que anunciaron que  aún no existían protocolos para enterrar a los muertos por la nueva enfermedad,  las autoridades del gobierno anunciaron que  como todo era nuevo  habían acordado cremar los cuerpos de los fallecidos  por Covid 19, eso me impresionó mucho, así como cada nueva noticia que se escuchaba y se veía en la televisión.


Rodolfo Velazco Cervantes

Esa noche conversé con mi hermano Roberto el cual vivía en Nueva York con su esposa y sus tres hijos hacía más de veinte años, hablamos del coronavirus, de la covid, me dijo que también allí era una nueva enfermedad, que Nueva York era una gran ciudad en la que todos trabajaban, porque la vida era muy dura y no podían dejar de trabajar ya que todo allí era caro y se necesitaba el dinero para vivir.

— Imagínate acá somos como 22 millones de habitantes dos tercios de la población de Perú, todos en una sola ciudad, acá hay mucho comercio y movimiento y va ser muy difícil que haya un confinamiento, quizás haya un toque de queda y algunas acciones    como usar mascarillas, en el metro se trasladan dos millones diarios de pasajeros a sus trabajos y las distancias son enormes.

— Acá en Lima felizmente ya se ha decretado el estado de emergencia por quince días—le hablé— esperamos que todos acaten las disposiciones así   en dos semanas volveremos a la normalidad evitando   un contagio masivo.

Otros días me contaba que el presidente Donald Trump, no consideraba peligroso al virus chino y que ya habían encontrado una fórmula para contenerlo, además el país tenía otras autoridades en los estados y que dependía de cada uno decretar sus confinamientos.

## Ciudad  de Lima

Nosotros vivíamos en el sexto piso de un edificio de departamentos en el distrito de Magdalena del Mar,  a unos ochocientos metros  de la playa,  por las mañanas muy temprano desde las cinco hasta las seis se escuchaba el ruido del mar,  en el aire se sentía un olor fresco a pescado , el aire era puro y muy agradable, permanecía  fresco solo por unos minutos  ya que en el transcurso del amanecer  se iba  perdiendo el aroma y la frescura, aún era fines de verano  y  el clima estaba bonito, pero no se podía  ir  ni a la esquina,  eran situaciones  que poco a poco se fueron transformando en frustrantes y llenas de temor. Por las noches a manera de relajarme un poco ,  me gustaba salir a la terraza   donde se podía contemplar algunas partes de   la zona colindante al edificio,    las calles y otros viviendas  y departamentos cercanos,  a las ocho de la noche en   algunos edificios   ponían   música   alentadora,   tambíen era   muy agradable   ver encendidas las luces de los edificios, ver a la gente  en sus ventanas aplaudiendo, era algo bueno dentro de ese tiempo de temor,  así todos las noches  salía a la terraza  para vivir el espectáculo y respirar aire   fresco, algunas veces  dos o tres helicópteros sobrevolaban el cielo de Lima, iban  por los distintos barrios de la capital, el aliento que la población daba era para los  médicos, personal sanitario,  fuerzas policiales y fuerzas armadas que estaban luchando contra el nuevo virus,  yo tomaba fotografías y se las enviaba a mi hermano Celso  que vivía en Arequipa.

Era 30 de marzo y el confinamiento o cuarentena tenía que acabar, sin embargo, el gobierno decretó una ampliación de 13 días más, hasta el domingo 12 de abril día de Pascua de Resurrección.

— Ahora Manuel con esta ampliación de la cuarentena ¿cómo se ira a celebrar la semana santa? —Me preguntó Emili.

— No sé cómo será, tú sabes que con esto del corona virus y la pandemia   todo es tan incierto, pero así no haya nada, nosotros lo pasaremos en meditación.

— Justamente estaba viendo el celular—le dije—y he visto un comunicado de la parroquia Nuestra Señora de Magdalena, que estaba programado para el viernes santo una procesión por esta zona y decían que deberíamos salir a orar   a las seis de la tarde que a esa hora pasaría por nuestra frentera.

Ese mismo día por la tarde,  la parroquia de nuestro distrito, envió vía whats app un comunicado, decía  que en aras de cuidar la salud pública y del vecindario la  anunciada procesión  quedó suspendida en cumplimento  a lo decretado por el  gobierno,  así en esa situación de confinamiento pasaríamos la semana santa sin salir de casa, todos los eventos públicos  fueron suspendidos, por los noticieros informaron  que  el Papa Francisco  haría una misa  el viernes Santo  y el domingo de Pascua en   el Vaticano sin público, así pudimos contemplar y escuchar la misa  más inimaginable, la iglesia de San Pedro en el Vaticano estaba vacía, recordamos con Emili unos segundos  aquel lugar sagrado cuando estuvimos en Europa  hace nueve años atrás, se hizo una misa sin  asistentes, todos estos hechos iban marcando   un hito en nuestro ser,  cosas nuevas  iban ocurriendo, el mundo estaba    paralizado hacía un mes, todos o la mayoría de la población mundial estaba encerrada  y atemorizada.

Las noticias del exterior, especialmente de Europa   eran catastróficas, el virus estaba causando miles de muertes, en Latino América el virus recién ingresaba, los pronósticos para la pandemia no eran halagadores, decían que   iba a encontrar a Latinoamérica    con una infraestructura de salud débil y que podría colapsar ante la pandemia, lo peor de todo era que nadie sabía cómo combatirla. A mi celular me enviaban diariamente decenas de videos y cientos de mensajes, con noticias respecto al coronavirus; algunos videos eran sorprendentes y especulativos, se hablaba de un nuevo orden mundial y que el virus   era una gran mentira, que   el drama que se estaba viviendo era armado, con el propósito de implantar la tecnología 5 G.

Otros videos anunciaban que   países   como los Estados Unidos y China   estaban confrontados   por liderar la economía del mundo  y  reincidían en la nueva tecnología de los celulares, que todo se estaba haciendo con el propósito de  mantener a la población encerrada y atemorizada para que nadie salga a las calles mientras  que  los interesados   iban colocando antenas y otros transmisores   para  que funcione  la nueva tecnología que iba a traer como consecuencia   la robotización de la humanidad, incluso   algunos videos involucraban a familias poderosas  del mundo, a multimillonarios y también la complicidad de algunos líderes   y políticos mundiales.

Se crearon dos teorías sobre el origen del virus, una que decía, el virus se originó en un laboratorio en China, en un programa de armas biológicas encubiertas y la otra que fue originado en un mercado de mariscos, en la ciudad de Wuhan. estos decían que el virus fue producto de la naturaleza, que fue un salto zoonótico de los animales al ser humano por medio del murciélago y el pangolín un mamífero extraño que traficaban en China.

La abundancia de noticias y videos remarcaban estas hipótesis que el virus se originó por una mutación natural a través de los murciélagos y al parecer era la de más peso, puesto que existe la rara y exótica comida china, donde se suele tomar sopa de murciélagos. También existían teorías conspirativas por el nuevo orden mundial, el multimillonario Bill Gates financió la creación del virus para reducir la población apoyado por otras personas de influencia mundial, otra teoría de documentación encontrada en el Banco Mundial de los años 2017 y 2018, referida   a ventas de implementos que se utilizaría durante la pandemia en el año 2020 y a informes de militares franceses que denunciaban tal documentación.

Todo eso iba influyendo en la psiquis humana, encerrada en sus casas y presas del miedo, así su sistema inmunológico se dañaba y podría ser presa fácil del nuevo virus, asimismo decían que debido al temor al virus todos se verían obligados a una vacunación masiva, la que podría matar a gran parte de la población mundial, esta teoría también fue desestimada porque la mezclaba con situaciones respecto a la gripe que afectó a las aves de corral.

Existían comentarios que relacionaban la aparición del nuevo virus con las profecías de  Nostradamus, el fin del mundo del año 2000 y yo recordaba el año 2012 como fin del mundo cuando se cumplirían las profecías Mayas, asimismo mentaban a una búlgara Baba Venga, quien hablaba de la réplica del 20 es decir el 2020.

También había videos muy reflexivos: gracias al coronavirus las familias podían compartir más tiempo, que había esperanzas de mejorar las vivencias humanas, que era una oportunidad para reflexionar y mejorar nuestro actuar, que el mundo podía descansar y dejar un tiempo a la naturaleza para que recupere su fuerza y su belleza, mensajes para pensar en Dios, para renovar y fortificar nuestra fe.

Por esos días el gobierno tomó medidas  rápidas a fin de detener la propagación del virus,  el presidente de la república anunciaba   casi en forma diaria  la labor que desempeñaba el gobierno,  habló primeramente de  las pruebas  moleculares y pruebas rápidas, que  se importaron del extranjero, tenían el propósito de  determinar qué persona estaba contagiada por el nuevo corona virus, la televisión mostraba como era  este nuevo patógeno, una esfera  con  unas puntas en forma de corona que tenía en su superficie, el nuevo coronavirus le pusieron el nombre de Sars CoV 2  y era parte de una familia de coronavirus.

Las autoridades también  anunciaban otros proyectos como la fabricación de 'pruebas moleculares nacionales  con  nueva tecnología, en marzo el estado solo contaba  con un laboratorio para procesar  500 muestras diarias al día: hisopado nasal y faríngeo,  ante ese escenario un equipo de científicos del Instituto Nacional de Salud,  plantearon al gobierno  una nueva técnica para diagnosticar  la enfermedad sin contar con laboratorios moleculares especiales, así empezaron a estudiar e investigar si la técnica utilizada con éxito para  el diagnóstico del dengue, zika y tuberculosis podía ser utilizada para detectar el coronavirus, que causaba la enfermedad denominada Covid 19, tendría también entre otras ventajas su bajo costo, era  simple, mucho más rápida  que las importadas  que demoraban dos a tres días, dijeron que se  requeriría de laboratorios menos complejos, menor  cantidad  de  equipos  y  no  necesitaba  de  mayor capacitación  de personal técnico  especializado, las nuevas pruebas moleculares nacionales  serian fáciles de implementar en los establecimientos de salud  que no tienen la posibilidad de implementar técnicas  de biología molecular estándar (PCR en tiempo real).

El Gobierno y entidades privadas apoyaron la iniciativa, transfirieron los recursos financieros necesarios y el Instituto Nacional de Salud suscribió acuerdos con las Universidades. En ese momento el país requería de  miles de pruebas diarias, ´por lo que el estado fue implementando diversos laboratorios a nivel nacional,   a esta tarea también se sumó el sector privado otorgando el gobierno las facilidades para su autorización, en pocos días  se empezó a diagnosticar las pruebas, la capacidad de diagnóstico  era increíble, se obtuvo un promedio de 25 mil pruebas al día y eso fue otra medida muy buena por parte del gobierno, el país  fue líder en  la región en la realización de las pruebas, medida que ayudó a  determinar el número de  casos positivos y negativos.

Estábamos a finales de abril y el confinamiento terminaría, las autoridades del gobierno emitieron sus mensajes, no quedó claro lo que expresó el ministro del interior, como se controlaría a las personas que salieron positivos y  a las demás personas  con las que  trató o convivió los últimos días, ese tema yo lo veía lo más importante y clave del problema, definir  ese trabajo sería el punto más importante,  por eso es que me quedé pensando  en cómo sería esa estrategia, ese rastreo, por la  noche no pude dormir pensando en el problema, al día siguiente  por medio del whats app escribí mensajes  a varios medios de comunicación para que entrevistaran al ministro del interior, pues hablaron algo de los viajes a distintas regiones, pero no del seguimiento de los posibles contagios, felizmente en un medio muy difundido lo entrevistaron, pero su estrategia no estaba muy clara,  dijo algo como que seguirían a los familiares para controlarlos, supuse que la estrategia estaba bien aunque no era muy clara,  me entró la sospecha que ese podría ser el punto débil de la retención al virus.

Días después el gobierno anunció que el estado de emergencia se extendería hasta fines de mayo, yo estaba tan seguro que ya todo acabaría, pero me resigné, el día de la madre lo pasaríamos en Lima con toda la familia.  En ese momento  yo desarrollaba mi trabajo  en forma remota,  el trabajo se había reducido casi al 70 por ciento pues  no había atención al público, pasaron como tres días y  ese día domingo, en la noche pasaron noticias  de tres casos que  me decepcionó bastante, el primero de una señora que  recién llegó del Canadá, no tenía familia en Lima, solo unos amigos, que tenía Covid 19 y que fue al hospital y no la atendieron, fue a la Villa Panamericana y tampoco la quisieron internar,  y no sabía qué hacer, el segundo caso fue el de un joven el cual  dijo que su mamá había muerto de Covid 19 en esos días,  que en su casa vivían doce personas y a la fecha nadie se había asomado por la casa para tratar a todos los familiares  que  seguramente  estaban  contagiados  o  por contagiarse,  igualmente  el tercer caso de una persona que tenía a su papás que habían muerto de Covid 19 en el Callao y que a la fecha  nadie  había ido a la casa a evaluarlos.


Rodolfo Velazco Cervantes

La situación de miedo era muy grande, nadie  se atrevía siquiera a pasar por la frentera de las casas   de algún infectado, ¿quién se atrevería a ir e ingresar en esas casas infectadas?  por esa inacción y miedo el programa  desplegado por el gobierno hasta la fecha se vendría abajo, lo comenté con Emili y con Matías, les expliqué que ese era el factor más importante  el rastreo de los contactos de los enfermos, dejándolos sin control esos positivos diseminarían el virus  por doquier sabiendo que su contagio era exponencial  en una semana ya no serían 20  serían cientos y eso cientos pronto se convertirían en miles, desde ese momento le perdí fe y  confianza a  todo el esfuerzo que se venía desplegando.

Mucho tiempo después, cuando los contagiados llegaron a miles recién hablaron algo del tema que existían brigadas de Covid 19, pero no escuché nunca de los rastreadores, estas brigadas iban a las casas de los pacientes que optaron por seguir el tratamiento en sus domicilios. Pensé que por eso en países pequeños con poca población el control era más fácil y la pandemia seria controlada con menos esfuerzo, menos enfermos y menos muertos si se hacían los seguimientos   de las personas que daban positivo, pero en una ciudad tan grande como Lima sería muy difícil rastrearlos, pero no imposible, todo fue mala estrategia del gobierno.

Para fines de abril  el número de contagiados era de   25 331  y de fallecidos  700,  el miedo  que sentíamos era muy grande, una tarde Penélope  nos comunicó que Samuel estaría en el hospital dos días en el pabellón de los pacientes con Covid 19, se sentía muy atemorizada,  incluso  nos preguntó si podría quedarse con nosotros unos días, traería consigo a Thiaguito, le dijimos que sí, que venga para la casa, Matías, se preocupó por la incomodidad en la que estaríamos, el departamento contaba con solo dos dormitorios y él dormiría en la sala, aparte tenía miedo que Penélope ya estuviera contagiada y ahora nos contagiaría a nosotros. Al rato Penélope apareció con Thiaguito, le dijimos que estaría en el dormitorio grande y que allí permanecería los tres días, ella aceptó, en el momento que llegaron al departamento Matías nos hizo ingresar al dormitorio pequeño, no permitió que la saludemos , me sentí extrañado de su comportamiento, me quedé callado no quería echar más leña al fuego, era un momento de tensión y muy desagradable, extraño.

En otras ocasiones cuando venía Penélope con Thiago a visitarnos era motivo de gran alegría y gozo, la abrazábamos fuerte y los llenábamos de besos y atenciones y ahora ni los vimos. De su cuarto Penélope nos hablaba por celular, era increíble las cosas que estaban pasando, no me sentí nada bien, en ese momento no me importaba el virus, deseaba verlos, pero Emili me contenía, el momento tenía que pasar, pensé en Matías, su actitud, estos días en que nadie sabía del virus, como la atenderíamos estos tres días, nadie saldría de su cuarto y solo él nos alcanzaría los alimentos, me extrañó todo, en un momento pensé: ¡ que nos pasa estamos locos! en una hora que se calmen iré a hablar con Penélope, le diré que se tranquilice, porque ha actuado así violentamente, tal vez llevada por el miedo, sería mejor ponernos a conversar que estaba sucediendo.

Media hora después, a eso de la 6.00 de la tarde, antes de caer la noche, Penélope por medio del celular nos comunicó que había decidido irse nuevamente a su departamento, Samuel retornaba del hospital y ella iría a hacerse sacar una prueba rápida, ya que sentía molestias en la garganta y de tener el virus se internaría en el hospital, salió del cuarto y solo logré  verla por la ventana que daba a los ascensores, llevaba  de la manito a Thiaguito,  me indigné, quise salir a detenerla y  decirle que la queríamos mucho que se quede en el cuarto,  yo afrontaría al virus, los atendería a todos, no me importaba el contagio, pero Emili me contuvo.

— No ¡no vayas por favor! — hablaba Emili — a mí también me duele mucho esta situación, pero es mejor que se saque la prueba rápida, así sabremos si realmente está contagiada.

— Pero no es posible haberla tratado así, ¡Dios mío!  como ha pasado esto – exclamé.

Penélope se acababa de ir, Matías aún continuaba preocupado

— ¿Pero no se dan cuenta que Penélope nos puede contagiar a todos? — exclamó Matías.

— Son momentos difíciles — hablé—hay que estar serenos, pero a mí me ha dolido mucho el tratarla así, nunca jamás se debe repetir esto, así sea el virus o la vida misma, a nosotros nadie nos separa.

— Como se habrá ido ahora Penélope, a mí también me duele mucho que mi hija  se esté hiendo al hospital solita — exclamó Emili — ¿Qué pasa si la prueba le sale positivo? Ahorita la detienen en el hospital y   si se le complica…

Emili empezó a llorar, entonces Matías y yo abrazamos a mi esposa, los tres permanecimos abrazados unos segundos, todos sufríamos mucho.

— No, no llores mamita, recemos para que Penélope este bien.

Permanecí callado, aún estaba consternado por el trato a mi Penélope amada, la llamé por celular me dijo que ya estaba en el hospital, como era sábado y de noche   no había casi nadie en emergencia del pabellón Covid 19 y que le tomarían la prueba en unos minutos, le pedí estar serena y ella me dijo que si, que no me preocupara.

Pasada media hora, Penélope llamó a Emili, yo estaba en la cocina a lo lejos escuché, que Emili gritó: "Bendito sea Dios" hijita o sea que estás bien, todos le preguntamos a Emili por el resultado, dijo le ha salido negativo.

— Ya ven que por gusto nos asustamos tanto, por eso siempre debemos estar tranquilos. –Exclamé.

Emili continuó hablando por varios minutos con Penélope, ya más tranquila y  contenta, la noche pasamos  comentando los hechos sucedidos, la televisión era un medio  que  a veces nos alteraba demasiado, por eso días, informaban de la crisis sanitaria provocada por la Covid 19 en Ecuador, pasaron noticias espantosas de Guayaquil, donde   escenas como la de un señor estaba  parado en una esquina junto a otras personas, en eso otro hombre como que le quería  hablar algo y en eso el primer señor se   desvanece y cae   al piso,    otras personas lo miran, angustiantes sin poder ayudarlo, el periodista informante hablaba que el señor estaba enfermo grave de la Covid 19 y que por las calles de Guayaquil se veían muchos cadáveres regados en las pistas, en las veredas, que los hospitales estaban colapsados y que los muertos eran miles.

Pasaban otras escenas en la que se observa a un grupo de personas corriendo y cargando un bulto grande, avanzando hacia algún objetivo, de pronto tiran el bulto negro y se desprende un cadáver en medio de la calle , la gente los observa y al ver esa actitud, se sorprenden y gritan, los que lo cargaban huyen hacia el lugar de donde aparecieron, la gente mira estupefacta la escena, y así como abandonaron ese cadáver lo mismo sucedía en otros lugares, había camiones refrigerantes donde se acumulaban los muertos, la morgue ya no tenía capacidad, lo mismo sucedía con las funerarias por lo que optaron por incinerar a los fallecidos, todo eso nos llenaba más de terror.

Los noticieros también informaban aparte del avance del covid-19, de los actos de la policía y fuerzas armadas, los patrullajes por las calles de Lima, y sus distintos distritos, existía gente que incumplía con el confinamiento los cuales transitaban fuera del horario establecido, el uso de la tapa bocas era obligatorio desde el 16 de marzo sin embargo existían aun algunos que no la usaban todo el tiempo.

A mediodía, mirábamos televisión, el presidente de la república casi a diario daba sus mensajes a esa hora y cada vez informaba de la labor intensa que iban desplegando en contra del coronavirus, a fines de marzo el Ministerio de Salud  -Minsa-había aprobado un documento técnico que establecía los lineamientos o  protocolos para  la prevención diagnóstico y tratamiento  de las personas  hospitalizadas con Covid -19, adaptándose a  investigaciones y protocolos  de otras naciones de Europa principalmente y también de Asia y Oceanía por verlo conveniente.

La crisis sanitaria mundial había  causado gran demanda en los respiradores mecánicos, el país para esa fecha solo contaba con 280 respiradores necesitándose más,  debido a la demanda mundial  su adquisición era muy difícil y no estarían a tiempo, por  lo que la Universidad Pontificia Católica del Perú , anuncio que  podría intervenir en la fabricación de dicho aparatos a bajo costo  y en forma más rápida de implementación, el gobierno apoyó tal iniciativa proporcionando  los elementos necesarios, para este hecho  también se contó con el apoyo de empresas privadas, días después la Universidad Nacional de Ingeniería -UNI- y la Universidad Cayetano Heredia también informaron que podrían  fabricar  un prototipo de respirador mecánico, con el apoyo del Hospital Arzobispo Loayza, finalmente la Universidad de Piura señaló  que fabricaría  respiradores para su región.

En ese momento el país contaba con 500 respiradores mecánicos, posteriormente tres meses después, el país sumaba 2000 estaban contabilizados 250 donados por los Estados Unidos, 125 donados por China, 30 donados por Alemania, aparte el estado y las empresas privadas compraron más respiradores.

Por esos días se desató una ola de contagios en el norte peruano en Piura, Chiclayo y Trujillo, contagios que posiblemente se generaron en Tumbes ciudad fronteriza con

Ecuador, días después surgió otra ola de contagios en la ciudad de Iquitos en la amazonia peruana, la falta de oxígeno en los hospitales y en las ciudades motivaron que miles de personas enfermas por la Covid 19 fallecieran.

Era el mes de mayo y la cuarentena continuó, en casa conversamos con Matías y Emili como pasaríamos el día de la madre, Emili era una mujer emprendedora y muy sociable, tenía contactos con casi la totalidad de madres de familia que ocupaban el edifico donde vivíamos y con ellas acordaron que el domingo a las doce como homenaje al Día de la Madre tocaríamos las canciones favoritas y escogidas por quince mamás del edificio, el sábado Matías gravó en una USB las canciones a tocar.

El día domingo una hora antes armamos los parlantes y el equipo de música, preparé unas pocas palabras de saludo y felicitación a las madres por su día y previo aviso y autorización de la junta directiva de propietarios empezó la celebración, fueron unos momentos de relajo y alegría en los hogares del edificio, se escuchaba aplausos de júbilo por sus canciones, sin embargo , en uno fue lo contrario, el propietario un hombre solitario y extraño quiso que se bajara el volumen, todo fue muy rápido y bonito, almorzamos un platillo muy rico que preparamos con tanta alegría entre los tres, por la tarde descansamos hasta las seis, lo único que apenaba era el no haberla visto a Penélope, en la noche comentamos que hacía tiempo no veíamos a Mary.

A la mañana siguiente a la hora del desayuno me dirigí a Matías.

— Hijo, ayer saludamos a la señora Carlita, mamá de Mary, pero no sabemos nada de ella —le comenté.

— ¿Sabes? Mary está preocupada porque teme que le hayan contagiado la Covid, me ha dicho que el viernes estuvo conversando con su asistente a la hora de almuerzo unos 20 minutos en la misma mesa y que ese compañero a la salida se ha hecho la prueba y ha salido positivo, por lo que desde hoy no irá al trabajo, porque ha sentido algunos síntomas ayer domingo.

Esa noticia nos llenó de preocupación, ¿Cómo estará Mary sola? Tal vez si iba Matías a verla se contagiaría y él después nos contagiaría a nosotros, pero ¿cómo estaría haciendo para abastecerse de víveres en estas circunstancias?

— Sería bueno que le envíes algunos víveres a Mary, por favor dile que llame a Penélope o a Samuel para que le indiquen que debe hacer —le habló Emili.

— Si ya los ha llamado y le han indicado algunos medicamentos y protocolos que hay que hacer.

Mary vivía a tres cuadras de nuestro departamento, Matías, esa misma mañana pidió a Enrique (el señor que hace la limpieza en el edificio) le llevara una bolsa con algunos víveres y medicamentos.

Del trabajo me llegaron unos correos y otros documentos que había que llenar, nos indicaban que desde el 1 de junio nos incorporaríamos al trabajo y eso fue motivo de preocupación

¿Cómo haría para viajar?  en Arequipa nadie sabía que yo estaba en Lima desde marzo y supuestamente    no tendría problemas para asistir al centro laboral el 1 de junio.

Por esos días también anunciaron una noticia  aterradora, cuatro malos policías habían secuestrado en la camioneta de la institución a una niña de 14 años de edad, aprovechando la soledad del lugar y el horario de toque de queda la habían drogado y violado,  después la abandonaron  en un grifo  a tres cuadras de donde la secuestraron, los vecinos y la gente que la vieron  tirada en el suelo creían que era una enferma de covid y lejos de socorrerla  la abandonaron  corriendo  a sus casas, temerosas de un contagio,  la madre salió  a buscarla al día siguiente y la encontró abandonada cerca de un establecimiento de venta de  gasolina,  llevándola de inmediato al hospital, donde detectaron la violación y  drogadicción  por parte de la policía, los primeros días fue de escándalo tal noticia  sin embargo  luego de unas  semanas nadie volvió a hablar del asunto.

Los videos y las noticias seguían llegando a mi celular esta vez  fue una noticia de Italia, informaban que  los médicos italianos habían dejado de lado los protocolos de la Organización Mundial de Salud y habían efectuado autopsias de  algunos muertos de Covid 19, encontrando  cantidad de coagulación intravascular diseminada o trombosis en varias partes del cuerpo de los difuntos, determinando que  murieron por coágulos de sangre que impidieron que el oxígeno llegue  a los pulmones, muriendo  por atrofia del corazón, del cerebro y otros órganos importantes que    cambiaron el protocolo, cortando la enfermedad  simplemente con  antibióticos,  anti inflamatorios y anticoagulantes, de esta manera salvaron muchas vidas y no necesitaron de  respiradores, también indicaban que era una farsa lo del virus, finalmente comentaban de la tecnología 5G.

Durante esos días en Europa, manifestantes en distintos países protestaban contra el confinamiento y por el uso de mascarillas, los problemas y temores también eran similares a los de Latinoamérica, pensé que hoy todos estábamos en igual situación, todos  algún día solucionaríamos el mal, gracias a los periodistas de todo el mundo las noticias se comunicaban rápidamente, así se conocía en segundos lo que estaba sucediendo en los cinco continentes.

Los últimos días de mayo fueron de  gran tensión, Penélope comentaba que nos necesitaba, que en su trabajo en el Hospital del Niño  habían varios  compañeros contagiados y que tenía mucho miedo a ser contagiada, que estaba muy estresada, asimismo Penélope nos dijo  que Samuel tendría que trabajar esas semanas con pacientes covid y que propiamente ya no lo vería porque estaría aislado  en casa y  necesitaría  nuestro apoyo para soportar el miedo y esa situación,  por la tele  también anunciaban la muerte de  decenas de médicos   contagiados por el virus.

De  mi trabajo me  pedían reiterativamente que retornara, estaba en duda entre  si viajar y arriesgarme y estar en Arequipa cómodamente en  casa  o quedarme, en Lima el dormitorio donde estábamos era pequeño,  aparte no me sentía bien de salud, pues siempre tuve  catarro y alguna dificultad para respirar,  no podía ser libre ni tener  privacidad,  me sentía enfermo, mi sistema respiratorio no estaba del todo bien y la tos o estornudos molestaba e inquietaba a Matías sobre todo,  el incomodar  me hacía sentirme peor,  también  el frio del invierno  era grande, asimismo me sentía sin apoyo, pues



Rodolfo Velazco Cervantes

siempre que opinaba algo me encontraba en contra de Emili y Matías que sumaban dos. Aun así, decidí no viajar, no quería actuar irresponsablemente, salir de la casa huyendo sin rumbo, tampoco estaba complemente convencido y decidido, sabía que existían riesgos  y preferí soportar.

Esa noche me sentía muy dolido, recordaba el abandono que tuvo mi hermana Elenita cuando estuvo enferma  de cáncer al verse sin apoyo  su sistema inmune  disminuyó, sus deseos de vivir ya no fueron los mismos  y   cuando esto sucedió ya nada le aferró a la vida  y  falleció,  las lágrimas asomaron a mis ojos por el recuerdo, como pudimos abandonarla y  ahora   podía sucederme igual, Matías , Emili y Penélope no me comprendían, pero  aún yo estaba sano, en pie, quería permanecer  humilde y agradecido por eso  decidí quedarme un tiempo más  hasta que las cosas mejoraran algo.

El gobierno para  afrontar  la necesidad económica de  la población  otorgó  un bono  universal a los hogares  vulnerables del país,  consistente en 760 soles, un equivalente a 217 dólares norte americanos, también  un bono rural y  apoyo financiero a las micro empresas y otras  empresas   que   estaban en necesidad financiera, asimismo se emitió normas laborales,  para con los trabajadores, como la   suspensión perfecta, se dispuso también las devoluciones de aportes del sistema privado de pensiones  o AFP, de esta manera  los trabajadores tenían dinero para subsistir durante el tiempo que duraba   el estado de emergencia.

En cuanto a la logística del abastecimiento de alimentos y productos de primera necesidad se dio facilidades a los transportistas y productores del campo, también a las agro industrias y comercializadores, estas personas tuvieron la facilidad de trasladar los insumos a las ciudades a fin de que las poblaciones urbanas no sufrieran del desabastecimiento de los productos de primera necesidad, de esta manera la población siempre estuvo abastecida.

El problema   en relación a la propagación del virus continuaba, a los centros de abastos como el mercado central y el mercado de frutas (los cuales   eran focos de infección) concurrían miles de personas, un tiempo después el Gobierno se dio cuenta que   los mismos comerciantes de los mercados eran portadores del virus, en exámenes  efectuados en los mercados determinaron que el 50 y hasta el 70 por ciento  de vendedores eran positivos al coronavirus, de otro lado a los miles de comerciantes tradicionales se sumaron los que perdieron sus empleos los mismos que se convirtieron en vendedores ambulantes, tugurizando el espacio y creando el ambiente propicio para la expansión del virus.

En cuanto  a la economía,  el circuito  de la cadena del gasto   fue más lenta pero continuó desde que el trabajador recibió  su dinero por adelanto de sus pensiones,  dinero  que lo gastó en la compra de bienes y pago de servicios, la persona que vendía  o prestaba servicios a su vez  compraba  a otros; así  el dinero circuló entre  los distintos abastecedores y consumidores, el movimiento del dinero  hizo  que no    se detuviera y afectara la cadena del gasto ni la economía doméstica del país, también hubo  normas legales y decretos  con relación a las deudas bancarias, otras instituciones del estado como municipalidades y gobiernos regionales  iniciaron la entrega de canastas de víveres



Rodolfo Velazco Cervantes

a poblaciones vulnerables durante  los últimos días de abril y durante el mes de mayo.

Finalmente, la buena política monetaria y cambiaria del Banco Central de Reserva, hizo que la paridad monetaria respecto al dólar continuase igual con la finalidad de que no haya inflación  ni devaluación del sol peruano.  En una exposición de las autoridades del gobierno la ministra de Economía y Finanzas comunicó que el estado había emitido bonos soberanos a buen precio consiguiendo una liquidez de más de 2 mil millones de dólares dinero que sería invertido en la campaña de lucha contra el Sars CoV 2.

El dinero o liquidez del presupuesto público del año 2020 para gastos corrientes durante el presente año al no ser ejecutado seria revertido al Tesoro Público, presupuesto que serviría para las inversiones del año 2021.  Durante el presente año 2020 solo algunos proyectos fueron habilitados, creando fuentes de trabajo para la masa que se quedó sin empleo; en relación al producto bruto interno indicaron que podría haber una detracción o contracción del 12 por ciento.

Las medidas económicas planteadas  si fueron  buenas pero  no suficientes, la población económicamente activa PEA , estaba constituida por el 70 por ciento de  población  informal, de ese total,  el 60 por ciento no contaban con un capital de trabajo significativo, el otro 10 por ciento  tenía sus negocios  en locales propios o alquilados  pero al estar cerrados por la pandemia,  se vieron  en la necesidad de  trabajar como vendedores ambulantes,  lo que motivó expandir  el virus, es por esa razón que las calles estaban llenas de personas y las medidas dispuestas por el gobierno  no obtenían los resultados esperados.

En casa comentábamos de las acciones del gobierno que al parecer eran buenas, ya que la gente se había quedado sin sus trabajos y era necesario un apoyo para las familias  que no tuvieran ahorros, los medios de comunicación informaban que buena parte de la población no contaba con  una cuenta bancaria en el Banco de la Nación y muchos se quedaron sin cobrar. Posteriormente  dichos fondos fueron transferidos a bancos privados donde se completó la entrega de los bonos, el estado también otorgó facilidades de pago a los préstamos por deudas hipotecarias, hubo condonaciones de deudas por  servicios básicos como el agua y la energía eléctrica.

Para ese entonces yo anotaba en un cuaderno los sucesos más relevantes que a mi consideración creía, el 09 de mayo las estadísticas arrojaban 47 372 positivos y 1 344 fallecidos, para el 25 del mes 123 979 los contagiados y 3 629 fallecidos, esa noche me puse a analizar las cifras, a fines del abril eran 25 300 los positivos y 700 muertos ahora en menos de un mes se había quintuplicado la cifra de contagios y más del quíntuple en fallecidos, entonces concluí que fueron por todos los sucesos que iban ocurriendo en la población, el salir de casa y no respetar la distancia social.

Por la televisión pasaban videos de la muerte de un afro americano en los Estados Unidos, a manos de policías abusivos, también otras noticias de abusos en diferentes ciudades del mundo. Esa noche conversé por celular con Roberto, me dijo que algunos policías son unos crueles y abusivos, si el pobre afro americano estaba enmarrocado, no había necesidad de asfixiarlo y por eso tanta gente estaba protestando con razón.

Los noticieros informaban que en Europa continuaban las protestas en contra de la policía y también en contra de algunos gobiernos por   la implantación del uso de mascarillas y los toques de queda, los problemas causados por el coronavirus eran similares en los cinco continentes, había ciudadanos en el mundo que no  podían soportar tales medidas.

Gracias a la internet y al trabajo de los periodistas de todo el mundo, todos estábamos enterados de lo que sucedía en uno y otro lugar, todos los países en este momento  enfrentábamos a un enemigo común el virus,  todos  nos encontrábamos en un mismo lugar  y  todos saldríamos un día victoriosos,  por esa parte  el virus unió a todos los países,  los nuevos descubrimientos, las estrategias y medicamentos que se usaban en un lugar podían ser de utilidad en otro, la regla general para todos era el uso de mascarillas,  el distanciamiento social y el lavado constante de las manos.

Comentaba con Penélope por esos días, que el sistema inmune debe estar fortalecido, para poder enfrentar a un enemigo que no era reconocido por nuestros anticuerpos,   que no deberíamos estar asustados ni decepcionados ante el avance de los contagios, que también necesitábamos  estar físicamente y mentalmente fuertes y sanos,  ya que el virus era fuerte y mataba a los  ancianos  enfermos, que debíamos tener presente los medicamentos y los protocolos indicados por las autoridades sanitarias y finalmente   nunca deberíamos perder la fe en Dios.

Todo eso me hacía pensar, porque esperábamos que todo el mundo hiciera algo por el virus y a la vez nada, sabíamos que el virus era nuevo, el sistema inmune   no lo reconocía, el virus ingresaba al cuerpo permaneciendo un tiempo como hospedado se replicaba y luego abandonaba al hospedador mientras tanto esos días mataba a las células, especialmente a las del pulmón, causando neumonía, en casos severos venia la muerte.

Me sentía impotente al querer aportar   algo y no poder hacerlo, mi aporte era no salir de casa y ayudar a no contagiarme ni a propagar el virus, pero tenía que hacer algo más,  me acordé cuando  era pequeño mi mamá Rosa me daba  mate de eucalipto con limón para los resfriados y se me ocurrió investigar más sobre  esta planta, solo encontré datos en una sección de plantas naturales, ahora en estos tiempos,  la medicina tradicional no se ponía en práctica, se confundía con la  homeopatía, la ciencia actual había avanzado mucho en farmacología, pero ante el virus no había medicamento  que podía evitar su  daño, solo inventar una vacuna era la salvación.

Por la noche ingresé a consultar a Google sobre las propiedades del eucalipto, indicaban entre sus beneficios que servía para el alivio y afecciones respiratorias, uso como antiséptico y desinfectante ante procesos virales, ayuda a descongestionar los pulmones, ayuda a combatir el reuma, eficaz en enjuagues bucales, permite la desinfección de las heridas y estimula el funcionamiento del sistema inmune.

Las hojas del eucalipto contienen   sustancias químicas como tanino, resinas aceite esencial compuesto de cineol, varios ramnósidos del ácido elágico, posee abundante pineol y citriodorol, el eucalipto  está constituido  por ácido gálico y ferúlico que ayudan a controlar el azúcar en la sangre, también contienen   químicos que   podrían tener actividad contra bacterias y hongos, el aceite de eucalipto podría ayudar  con el dolor y la inflamación, pensé que  los laboratorios farmacéuticos

45

deberían investigar sobre las sustancias naturales del eucalipto y procesarlas en pastillas para mejorar el sistema respiratorio.

Todos al parecer se olvidaron de  las plantas medicinales, lo creían algo tradicional no efectivo y folclórico, la medicina y parte de  la ciencia  moderna se contraponía en muchos casos a costumbres   y a ciertos productos,  alguna vez le consulté a Penélope  sobre  propiedades naturales de las plantas,  un poco que se incomodó,   pero me dijo algo cierto, " si las plantas tienen propiedades pero   su efecto es  a largo plazo,  ahora el abuzo de plantas muchas veces han envenado a personas,  mejor son  las  pastillas    hechas por científicos en laboratorios, que mediante el estudio químico que se hace, su efecto es inmediato.

Está bien le contesté, yo también creo en la ciencia y en la medicina, por supuesto que sí, pero también reconozco que las plantas tienen sus propiedades, elementos químicos que necesita el cuerpo, son alimentos los vegetales, las frutas, las verduras, los mates de algunas hierbas son buenas para la digestión y la salud.  Por la tarde fui a comprar eucalipto a una bodega, regresé a casa y preparé un mate de eucalipto, respiré profundo    el vapor y me sentí bien, yo sabía que ese vapor despeja el sistema respiratorio, luego colé las dos tazas, el mate   era de color verde como limonada, le agregué una cucharadita de miel de abeja y tomé caliente, le dije a Emili si quería, una taza   y me aceptó con temor.

— Toma -le dije- está muy agradable y eso te va a hacer bien para el sistema respiratorio.

— No sabía que se podía tomar, yo solo escuché que hay que respirar o quemar las hojas secas-dijo Emili.

— No, también se toma en mate - le contesté- asimismo he pensado que mejor es tomarlo en mates para que alimente al cuerpo, pero sin exageración.

Así entre temor y agrado tomamos una taza del mate de eucalipto, además oler su aroma disperso en el aire era muy agradable, afuera estaba haciendo frio intenso y tomar un mate caliente resultó de lo mejor.

Por esos días, pensé que podría ser el mate de eucalipto mi aporte a los demás, en las redes sociales todo el mundo comentaba de los descubrimientos y misterios del coronavirus, nunca escuché que alguien comentara sobre los mates de eucalipto, todo eran noticias de los laboratorios más famosos del mundo.

Entonces intentaba diseñar algún mensaje, pero no sabía cómo hacerlo, mi hija Penélope si sabía muy bien, porque incluso empezó a hacer videos de su especialidad en reumatología para adultos y reumatología pediátrica y creó su página, pero no tenía tiempo, opté por recomendar a mis familiares y amigos el mate de eucalipto, mi hermano Roberto me dijo que lo tomaría, también me habló del jengibre que era muy bueno.

Por la noche  pensaba en el video si alguna vez lo gravaba consistiría en comparar el sistema respiratorio del humano con el sistema circulatorio de  una ciudad, si el sistema respiratorio está libre de triglicéridos, colesterol, azúcar y otros elementos el oxígeno transportado llega bien a los pulmones y el corazón funciona sin problemas, pero si está obstruido sería muy difícil

47

desarrollar una buena función, igual ocurre con el tránsito de una ciudad, si hay camiones, buses y muchos vehículos en las calles y avenidas, en las esquinas  se interrumpe la movilidad de todos los vehículos, si las calles son  estrechas peor, por eso es necesario que las vías respiratorias  estén desinflamadas para poder transportar el oxígeno, el virus Sars Cov2 es grande mide entre 60 a 140 nanómetros los mismos que producen la trombosis en los vasos sanguíneos, allí radica la importancia  del eucalipto que desinflama las vías respiratorias.

Pasados unos días, le expliqué a Matías como sería el video o el dibujo que quería mandar por las redes sociales.

— Es buena idea, me ha gustado lo de la comparación   lo del sistema respiratorio y circulatorio, con el tráfico de vehículos por las calles y avenidas de una ciudad-dijo Matías.

Eso me animó, sin embargo el tiempo pasaba sin efectivizar el video, además el mundo real me exigía otras cosas, atención en la casa, apoyo a Penélope, a Emili, me lamentaba que los días pasaran sin poder hacer algo, alguna vez solo escribí un comentario por whats app a grupos y a algún medio de comunicación sobre el mate de eucalipto.

Un día, Penélope me comentó que su tía y sus primas de Samuel  habían contraído el virus en la localidad de Huacho,  eso me causó miedo y me afligí,  en ese entonces  todos temíamos mucho al virus,  se pensaba que  todo aquel  que contraía el virus tenía grandes   posibilidades de morir, especialmente la gente mayor, que tenían morbilidades pre existentes  y   que no tenían comodidades económicas,  me contó que lo que podían hacer por ellas eran aislarlos y que   las tres  se deberían apoyar,  que ya les habían dado las recetas e indicaciones, por ese entonces las estadísticas mostraban  que   los más afectados eran  varones mayores, en  ese caso la tía y sus primas eran mujeres, tuve algo de   resignación y a la vez esperanza que podrían supervivir (posteriormente me enteré que todas superaron la enfermedad).

Me interesaba oír noticias y evaluar con las estadísticas con los nuevos datos y armaba conjeturas que me pudieran dar alguna pista cual era la razón por lo que los contagios no disminuían, pensaba: *"la gente sale a sus trabajos, seguramente se van en ómnibus y ahí se contagian"* pero como estaba encerrado no sabía  si había servicio de ómnibus normal, una mañana le pregunté a Matías si estaban en servicio los ómnibus y los taxis.

— Claro papito que están funcionando –dijo Matías- pero solo unos pocos carros, pero si están llenos a la hora punta, el resto del día no hay pasajeros, por eso el gobierno les está dando bonos a las empresas de ómnibus, en cuanto a los taxis también hay, pero el servicio es totalmente restringido son muy pocos los que se pueden ver.

Entonces sentí curiosidad por salir a la calle y llegar al paradero de las avenidas Brasil con Javier Prado, fui con Matías a las boticas que allí se encuentran y vi que los ómnibus eran escasos, a esa hora 10 de la mañana, efectivamente estaban vacíos, en cada vehículo había uno o dos pasajeros y en otros ninguno, pensé en esos empresarios, como podían prestar un servicio así sin pasajeros, de regreso a casa iba conversando con Matías.



Rodolfo Velazco Cervantes

— He visto los buses, están vacíos, yo creo deberían parar a estas horas y salir solo a las horas punta claro que debe haber algunos pasajeros a estas horas, pero no deberían salir todos.

— Por eso los empresarios han pedido ayuda al gobierno y el metropolitano también - dijo Matías.

— Si pues porque   solo sacarán para la gasolina y no habrá de donde para pagar a los choferes y cobradores.

Nos fuimos caminando para la casa a tres cuadras de allí, todo el trayecto continuamos callados, vi las tiendas de abarrotes llenas de mercaderías, pensé que el negocio para estos negocios pequeños era bueno, la gente ya no iba a los moles y que ahora compraban en las tiendas del barrio. Por la tarde cuando Matías descansaba en su cuarto y Emili miraba  sus películas de Netflix en la tele, yo me iba a la lavandería   aquel   lugar que acondicioné para mis descansos  diarios, era algo muy bonito dentro de la pandemia, el estar relajado unos minutos, no tenía la presión del trabajo, compartíamos más tiempo, se descansaba  y nos conocimos mucho más, igual sucedió con Penélope, ella disfrutaba  a Thiago, compartía más tiempo con Samuel, era algo bueno que el virus causó.

Esa tarde me puse a pensar en la cadena del gasto,  antes la gente ganaba más pero también gastaba más, ahora todos estábamos afectados por la situación , pero también poco a poco nos adaptamos a la nueva realidad, comerciantes, profesores de colegios y otros centros educativos particulares, trabajadores independientes, todos nos vimos afectados por igual.

Sin embargo  había personas que realmente estaban muy mal, los que no contaban con un trabajo, solo están  con la ayuda del gobierno  y entonces  pensé que pronto podría surgir una crisis económica si no se reactivaba la economía,  las grandes empresas constructoras, agrícolas, industriales, mineras   y otras de servicios así como negocios  tenían que reabrir, otra área afectada era el turismo y hotelería, algunas empresas aéreas ya se habían declarado en quiebra y con el despido de sus trabajadores, los hoteles y centros turísticos dejaron de percibir ingresos, toda esta población que económicamente estaba activa hoy no producía nada.

Todos esperábamos que pasen  los días para volver a la normalidad,  sin embargo los videos de YouTube, los whats app y las noticias  informaban que el retornar a la vida normal se hacía más difícil;  para los primeros días de junio, me preocupé mucho por regresar a casa,  pregunté en un sinnúmero de veces a mi sobrina  Grace de Arequipa,  sobre los pases de vehículos y pasajeros  para poder viajar,  ella me decía que era de los más normal y fácil, simplemente   era ingresar a la página del Ministerio del Interior  y solicitar un pase, que su mamá y sus hermanos  viajaban  hacia  Camaná  y  a  otros  lugares frecuentemente sin problemas, amistades de Emili   con las que ella trataba le comunicaban que existían carros,  colectivos que iban de Arequipa a Lima pero que cobraban 600 soles.

— No, no es posible que vayas, - comentaba Emili- si tu trabajo lo haces en forma remota, que urge que vayas, además ¿qué vas a hacer allá solo?



Rodolfo Velazco Cervantes

— Mira, si las cosas mejoran tal vez podamos viajar en la camioneta, nos vamos el jueves 18 y me regreso el lunes 22 - opinó Matías.

Eso me tranquilizaba, pero después pensaba: *como se va a regresar solo, mejor espero unos días más hasta que se autoricen los viajes ya sea vía aérea o vía terrestre.* Por esos días centenares de personas abandonaban Lima, eran pobladores de distintos lugares del país que al no contar con un trabajo en Lima y no tener otra forma de sobrevivir querían regresar a sus lugares de origen, por la carretera central todos los días anunciaban de cientos de viajeros a pie, otros al norte del país y otros en las regiones que iban a sus pueblos; ciudadanos venezolanos también se iban a su país caminando por la carretera norte, existían casos que conmovían el alma, gente sin comer , sin ropa que dormían a la intemperie, sin mayor protección, la policía los detenía y estaban varados a su suerte por días.

El gobierno y algunos alcaldes tuvieron que intervenir para solucionar la crisis, en el aeropuerto fue pan de cada día escuchar dramas de extranjeros de diversos países sobre todo argentinos que deseaban retornar su país, los europeos tenían que ser repatriados, en todos estos casos las cancillerías de diversos países llegaban a acuerdos y vieron la forma de transportar a todos.

De igual forma había compatriotas varados en el extranjero, en España en Canadá y otros países, sin duda alguna muchos de estos casos propiciaron que los contagios se llevaran de uno a otro lugar.

En Lima el invierno es muy crudo, yo extrañaba el sol para calentar mis espaldas, los días del invierno limeño eran sombríos y nublados, estaba soportando cada mañana las  lloviznas, el departamento era frio, sobre todo en los dormitorios,  en la lavandería  aparecía el sol por solo unos pocos minutos.

Por las tardes a las cinco era bonito el rato, pues a esa hora solíamos tomar un café o un mate de eucalipto para calentar el cuerpo y conversar  amenamente, ya eran tres meses  que Matías no  trabajaba   desde  abril  a  junio,  durante  ese  tiempo compartimos días inolvidables, conversamos de tantas cosas, de recuerdos, de planes, de sentimientos, a las seis de la tarde Matías ingresaba a sus clases  de su maestría  vía remota, era agradable y reconfortante su presencia y el que no vaya en las noches a clases, pero en la última semana de junio Matías consiguió trabajo y empezaría a laborar desde el primero de julio.

--Yo creo Emili que ya llegó la hora de irnos para Arequipa  -le dije esa noche a mi esposa.

— ¿Has averiguado bien si se puede ir? -preguntó ella- yo también iría pero  no en carretera porque nos podemos contagiar, es un viaje muy largo más de quince horas.

Me quedé callado, porque  mi intención era viajar,  no me importaba el medio, solo quería salir de  Lima, me preocupaba la casa,  el trabajo, la familia, además no me sentía bien en medio de tanto frio y sin poder salir de casa,  ni siquiera poder ver a Penélope a Thiaguito, ni pasear por la playa, era un encierro obligatorio que   poco a poco empezaba a cansarme demasiado

53

¡qué vida era esa¡ salir una o dos veces a la semana a la tienda de la esquina, no había vida, la música que ponían en las noches en los edificios dejaron de escucharse hacía mucho tiempo, parecía que la gente ya estaba harta del encierro.

Los mensajes de Whats app también llegaron a hastiarme, no solo yo me sentía mal, ese día Matías amaneció serio, amargado, con pésimo humor, se quejaba de todo, nos dijo que no le hablemos, estaba cansado y aburrido, tenía que hacer pagos y solo se sostenía con el cobro que hizo de su AFP, dormía incómodo en el cuarto pequeño, estaba agripado en fin todo el ambiente estaba desagradable, Penélope llamaba solo para transmitirnos su temor de contagiarse, afuera en el mundo el virus estaba en su mayor fuerza, los contagios diarios eran entre siete a ocho mil, todo era espantoso ¿qué pasó? era un fenómeno mundial, huir de Lima no serviría de nada, no podía dejar a mi familia en estas circunstancias por nada del mundo.

Angelita la señora que apoyaba en la casa a Penélope tampoco podía asistir al trabajo diariamente, ella vivía en San Juan de Lurigancho un distrito que por el momento era uno de los más golpeados por el nuevo coronavirus, también temíamos que ella se contagie y lleve el virus a la casa de Penélope, por las noches Emili y yo antes de dormir pedíamos a Dios nos ayude y que se termine de una vez toda esta pesadilla.

Por la televisión pasaban noticias de Estados Unidos, donde la pandemia se había generalizado hacía unos meses atrás, la no toma de acciones oportunamente por parte de su presidente Donald Trump había hecho que los contagios sobrepasaran los  3 millones de positivos y más de 100 mil muertos  por la Covid 19, constituyéndose en el primer país del mundo con positivos y de fallecidos.

Igualmente informaban que en Brasil, el presidente  Jair Bolsonaro,  andaba sin mascarilla, hablaba  a la población para que salga a trabajar, no daba mucho crédito a las acciones del confinamiento y en forma contradictoria los resultados eran otros pues Brasil   durante esos meses  era el segundo país  del mundo con más contagios y muertes, las noticas diariamente mostraban      escenas de cementerios recién  habilitados en campos abiertos y alejados de la ciudad de Sao Paulo, mostraban cientos de fosas recientemente cavadas con el propósito de sepultar allí a los fallecidos por la Covid 19.

En esas circunstancias, un día recordé que antes del viajar a Lima, yo había escrito notas del avance del virus en los países de Asia y de Europa, justo por esos días en marzo realizamos el viaje a Lima y había dejado de escribir, entonces decidí escribir las notas necesarias para contar con toda esa información y tal vez algún día recordar las estadísticas mundiales del Covid 19. Por esos meses el mayor número de contagios en América estaba en Estados Unidos, Brasil y Perú.

En los Estados Unidos, el primer caso presentado fue el 21 de enero del 2020,  un hombre de 35 años de edad que llegó de Wuhan el 15 de enero,  tuvo síntomas de neumonía el 19 de enero y fue dado de alta dos semanas después, el segundo caso fue  de una mujer de 60 años quien viajó a Wuhan; durante los meses de enero y febrero, posteriormente se fueron dando multiplicidad de casos, para  fines de abril Estados Unidos tenía la mayor cantidad de casos positivos por el coronavirus en el mundo, en Brasil el primer caso se detectó el 26 de febrero en Sao Paulo,  un brasileño que llegó de Italia, días después fueron



Rodolfo Velazco Cervantes

apareciendo más casos, fueron las  ciudades  de Sao Paulo y Rio de Janeiro  donde  se desataron  la mayor cantidad de positivos, constituyéndose Brasil  en el tercer país con más contagios en el mundo.

Por las noches conversábamos en familia diversos temas, que opinábamos sobre los que proponían que el virus no existía, que era una mentira, yo les dije que a veces  les daba crédito, porqué estábamos encerrados tanto tiempo, porqué en otros países  la gente  no está en aislamiento,  salen a la calles sin mascarillas,  quizás  tengan razón, Matías siempre afirmó que el virus existía y no creía en las teorías conspirativas, yo particularmente  me preocupaba mucho cada vez que el gobierno disponía  una ampliación de la cuarentena que comprendía la inmovilización social obligatoria y el uso de mascarillas, pensaba en las Teorías Conspirativas, aquellos mensajes referentes al  nuevo orden mundial,  de las estrategias para implantar  la nueva tecnología que convertiría  a la humanidad en robots, en seres no pensantes, había gente que decía que la vida de ayer nunca más volvería a ser  la misma.

Asimismo comentábamos porqué en años anteriores como en el 2003 cuando apareció el virus del Sars, que provocaba problemas respiratorios  en Latinoamérica casi  ni nos enteramos, igual sucedió con el VIH en los años 80, el Mers  en los años 2013 que apareció en Oriente Medio,  del que solo oíamos  como algo muy lejano, igual ocurrió  con las pandemias a los pollos y a los chanchos, acá eran noticias muy lejanas y ajenas, concluíamos en que en el hemisferio norte se encuentra la mayor población mundial, por lo que igualmente allí se concentra la mayor cantidad de  aves de corral y ganado porcino para alimentación de  la población, también en ese tiempo no había la comunicación que hoy existe.

Penélope decía constantemente que no nos desesperemos nos mencionaba la palabra japonesa "nankurunaisa" que significa " Con el tiempo  todo se arregla," eran palabras sabias, ya que  en ese momento todo era tan incierto, no se sabía  cuál era la verdad,  una realidad que aún  no la veía clara, no me quedaba otra opción  que la de pensar que con el tiempo las cosas se ponen en su lugar.

Emili y Matías, andaban casi todo el día pegados al celular, yo hasta esos días nunca  fui  usuario asiduo del celular, lo usaba solo para llamadas urgentes y de vez en cuando utilizaba el Whats App, les preguntaba porque estaban todo el día con el celular y me decían: es que   como no salimos a la calle nos aburrimos  y por eso  el celular nos entretiene.

—   Matías, - le dije  una mañana-   mira tu mamá no se aburre mucho porque tiene Facebook en su celular, hasta ahora ella se ha opuesto a que yo lo tenga en mi celular, ya me aburre  todos los días lo mismo ¿podrías ayudarme a instalar esa aplicación en mi cel.?

—   Además - agregué-  ¿te acuerdas de mi deseo de  gravar un video  con el mate del eucalipto ? si tengo Facebook quizás    más gente  pueda verlo, podrían mejorar su sistema respiratorio, así, si se infectan  con el Sars CoV 2,  la enfermedad no será tan severa.

Me pidió el celular y luego de unos minutos regresó de su cuarto.

— Papito, ya está, ya tienes Facebook, ahora dime, con quien quisieras tener contacto, tú que eres escritor, te puedo colocar páginas con escritores, además con periódicos y otros medios de comunicación y páginas científicas que es lo que más deseas.

De esa manera Matías me instaló dos Facebook uno familiar y otro social, a los pocos días a comienzos de julio, me contacté con amigos escritores de todo Latinoamérica y España, pensamos crear un número de whats app para todos y poder comunicarnos más. Durante el mes de julio, agosto y algunos días de setiembre fue mi medio de comunicación más continuo junto a los amigos del movimiento familiar.

El gobierno había decretado una ampliación del estado de emergencia, pensé que a ese paso quizás todo el año haría lo mismo y por eso le perdí un poco la confianza, ya no esperaba cada día con ansias los mensajes del presidente, sabía que hablaría de su trabajo y de todo su equipo, pensaba: *"como ellos trabajan no se aburren, viajan frecuentemente y se distraen* no es como mi caso que estoy encerrado ya varios meses y entonces decidí no estar encerrado, ¡salir a la calle¡ hacía mucho tiempo que no salía, varios amigos me decían que en Arequipa no pasaba nada que todo el mundo se relajaba, las ferias estaban llenas de gente, los medios de transporte funcionaban normal y solo los tontos estaban encerrados. Un día decidí ir a comprar con Emili a la tienda, parecía todo extraño, había colas para comprar, la gente estaba mal humorada, molesta por todo, era poco amable y notamos eso, mejor estábamos en casa para no ver esa realidad, acordamos que saldríamos, pero no a comprar sino a caminar, sobre todo cuando hubiera buen clima, pues caminar nos relaja, nos distrae.

Matías dejó de ser  duro con nosotros  y comprendió que no era justo tanto encierro, olvidó  de decirnos todas las mañanas antes de ir al trabajo: "Por favor  no van a salir" comprendimos que Matías tenía gran tensión, él asumió la responsabilidad de cuidarnos para que no nos contagiemos, porque si nos sucedía  se sentiría culpable  y si era una Covid 19 severa tal  vez hasta podríamos morir y por eso su miedo, pero estar así encerrados era también morir, queríamos vivir, recordaba aquellas palabras sabias: "La vida no se acaba  cuando el corazón deja de latir se acaba cuando se termina  el deseo de vivir ".

Estábamos en la tercera semana de junio, las estadísticas arrojaban los siguientes resultados: día 21: 254 936 contagiados, y 8 045 fallecidos, era cumpleaños de mi hermano Luis Jorge, hacia tanto tiempo que no lo veía, lo saludé y le dije que   pronto iría por su casa que se cuidara mucho. Los últimos días de junio bajaron los contagios al promedio de 2 900 diarios, por esos días, empecé a mirar más televisión que antes, me cansé de ver noticias   abrumadoras y negativas, entonces comencé  a mirar películas de drama y partidos de futbol, básquet y vóley, algunos videos musicales, Matías de vez en cuando me acompañaba en la sala para mirar televisión.

Una tarde anunció que empezaría a trabajar en un edificio para viviendas multifamiliares  de 26   pisos, edificación que quedaba a dos cuadras del departamento donde vivíamos, parecía increíble esa suerte,  de otra parte Mary,   terminaba sus estudios del residentado médico y   comunicó que se iría a Chiclayo para trabajar en un programa nuevo de Covid 19 que el Ministerio de Salud había implementado  en esa ciudad, nos quedamos sorprendidos  y apenados por tal noticia, alguna vez

59

imaginamos que  ella trabajaría en Lima junto a Matías  y allí residirían,  nosotros queríamos verla pero  por motivo de la pandemia estos meses  no la pudimos ver.

Al día siguiente por la tarde  Mary   vino con Matías para despedirse de nosotros,   conversamos un buen rato  y compartimos  la cena, pasados unos minutos  y llenos de tristeza le deseamos éxitos en su carrera   y le dimos consejos  para su nuevo trabajo, en Chiclayo   se  graduaría de médico con especialidad en  Psiquiatría,  el departamento  que tenía lo alquilaría. Esa tarde ella y   Matías nos  dijeron que habían planeado  casarse el año venidero y que vivirían  en Chiclayo, por esa parte me  llené de alegría,  ellos tendrían su propio hogar, se habían conocido hacia ocho años atrás,   su  noviazgo lo habían llevado a la distancia  ya que  siempre anduvieron separados por el trabajo  y los estudios, solo los  últimos dos años  si  compartieron mucho  el tiempo  al vivir ambos en Lima.

Desde el mes de junio las noticias informaban que en Europa, Estados Unidos, Rusia y China estaban  investigando sobre  crear una vacuna contra el Sars CoV 2,  causante de la enfermedad la Covid 19, las noticias indicaban gran avance de las vacunas en dichos países, los ensayos  pasaron primero por las fases uno   y dos, ahora ingresarían a la fase 3,  con pruebas en  humanos, así se creó en el mundo una gran expectativa por la carrera  en quien obtendría la primera vacuna, los comentarios decían que    se trabajaba día y noche en esos países , en sus laboratorios  que nunca antes   se pudo  inventar una vacuna en tiempo record  y que posiblemente se podría aplicar a comienzos del año 2021.



La Sospecha mi experiencia con Covid - 19

# Nuevas Circunstancias

Los primeros días de julio empezaron con algunos cambios, Matías se iba  a su trabajo muy temprano, lo que cambió nuestras costumbres ya que  a esa hora  Emili o yo nos levantábamos para  prepararle el desayuno,  también  nos acostumbramos a tomar desayuno temprano  y el día  de esta manera  crecía,  empecé a  escribir al nuevo grupo de amigos escritores,  compartíamos  diversos  temas,  literatura,  obras, ocurrencias, perspectivas, a media mañana conversábamos con Emili de la vida, de la pandemia en las ciudades del sur: Ica, Arequipa, Tacna, Puno y Moquegua por allí no había gran cantidad de contagios, también escuchábamos música mientras preparábamos el almuerzo.

Muchas noches  no tenía sueño,  hacia un análisis del día, de la rutina  que  estábamos viviendo,  me sentía decepcionado, hacia una evaluación de mi vida de lo que había hecho, llegaba a conclusiones,  no era perfecto pero si  hice  cosas  buenas y malas,  hubo aciertos y errores,  quería mejorar,  a ratos imaginaba ayudar  a mucha gente,  mejorar mi relación con Emili, imaginaba  un tiempo en el futuro cuando la pandemia termine  me des cobraría  de los momentos  que se debían disfrutar, el vivir plenamente, el compartir,  no crearse problemas,   el vivir relajado una vida que no realicé porque siempre anduve tan ocupado, terminaría  las cosas pendientes una obra literaria que  no la concluí; algunas noches pensaba en la salud, en la enfermedad,  en ese tiempo futuro  tal vez cuando llegue a ser muy viejito, en el final,  en las acciones y obras realizadas, pensaría más en Dios.

Luego regresaba al presente,  pensaba en mi relación con Emili, los problemas   que surgían las incomprensiones y el maltrato que nos  dábamos, en las soluciones: tenía que ser tolerante y muy fuerte, esperar a que pase la pandemia,  retornar a Arequipa, tal vez concluir la obra no escrita, mejorar mi estado de salud,  tal vez operarme  de la hernia inguinal que tenía y que por la pandemia  no atendían en el hospital y así pensando ya en el amanecer  me dormía.

Un día Matías  cuando regresó del trabajo, en plena cena nos dijo que había pensado en vender el departamento, que con ese dinero con Mary comprarían un terreno en Chiclayo y que empezaría en enero a construir  su casa.

—  No, no me parece buena idea -dijo Emili- has pensado que alguna vez tendrás que regresar a Lima y ¿dónde vas a vivir?  además, yo cuando venga de Arequipa ¿dónde voy a estar?  -Y mirándome a los ojos me preguntó- ¿qué opinas tu Manuel?

En ese instante me sentí sorprendido por lo que estaba escuchando, rápidamente comprendí a Matías, sus sueños sus ilusiones, cada joven ansía tener su casa no quería destruir su sueño, también pensé en los planes de vida de Emili, ella estos últimos años quería radicar para siempre en Lima y ahora que escuché a Matías "el vender el departamento" era para ella una sorpresa que no se esperaba.

—  Bueno  - dije calmadamente-  podría ser  una gran idea, por éstos meses  tu Matías vas a seguir viviendo en Lima, terminarás tu maestría, Mary debe hacer su tesis y titularse,  no nos apresuremos ahorita en decidir algo que debe tomar un tiempo,   yo digo que esperemos hasta diciembre, quizás con la parte  que nos corresponde  y lo que tenemos ahorrado podamos comprarnos otro departamento en otro distrito  y  tendrás tu dinero para el terreno,  con un préstamo hipotecario podrían  empezar a construir  su casa.

— Si, claro que ahora no se vendería, -dijo Matías- es solo una idea lo que les dije, porque Mary me ha dicho que existe un terreno en una urbanización muy ficha, que está en venta y a buen precio, también   su papá tiene un terreno cerca a la casa y ese terreno tal vez podríamos comprarlo a un menor precio.

La conversación continuó por algunos minutos, Matías tenía que ingresar a sus clases de la maestría por internet y quedamos a seguir conversando para mañana. En nuestro cuarto Emili me dijo que no se esperaba esa noticia, pero también lo entendía era un sueño de muchacho, le dije que la vida es así, nada es seguro y para que apegarse a las cosas, lo mejor era que nuestro hijo  cumpla sus sueños y conversamos que    le estábamos robando su vida  al estar allí,  él se preocupaba todo el tiempo junto con Penélope por nosotros para que no nos contagiemos del virus y que debido a las circunstancias no se podía viajar aún,  le dije finalmente que tal vez para el mes de diciembre  se podía encontrar otras soluciones.

En la tarde cuando llegó Matías, lo observamos que estaba algo contento, lo contrario de lo que pensamos nosotros, ya que al negarle por ahora vender el departamento se sentiría decepcionado y no comprendido por nosotros que siempre lo habíamos apoyado, temíamos que debido a ese problema nos íbamos a distanciar y en plena pandemia, esa tarde estuvimos cenando callados, sabíamos que alguien rompería el silencio.



Rodolfo Velazco Cervantes

— Saben ya no lo pienso vender el departamento, - habló Matías - tengo una idea mejor, me haré un préstamo del banco y con lo que tengo ahorrado daré la mitad para el terreno, Mary también ya ha conseguido un préstamo.

— Yo creo que sería bueno que no se sacrifiquen mucho, - intervine- hay que ver cuánto de intereses les cobra el banco y si es mucho, podrían construir   la casa con el préstamo bancario.

— Sería bueno   evaluar cuál es más conveniente, -dijo Emili- pero ustedes  ¿cuándo empezarían a construir?

— Seria para diciembre, cuando salga de vacaciones o termine este trabajo, para poder dirigir la obra, mientras tanto, viviríamos en un departamento alquilado.

— Claro,  no hay que tomar  decisiones muy  apresuradas y continúe diciendo : en casos de tanta importancia, como esta decisión que   será para  toda la vida, hay que pensarlo bien.

Esa noche en el dormitorio, Emili estaba algo contenta.

— Esto que nos ha dicho es mejor, te imaginas Manuel, si se vendería este departamento, ya no podría venir a Lima.

— ¿Por qué no piensas en que podrías ir a vivir unos días con Penélope, Samuel y Thiago?  -Le pregunté.

— No, tú sabes  que  no puedo interferir,  es mejor dejarlos en paz,  mira este  hecho me da que pensar  en el futuro, cada hijo ya tiene  que tener su vida, yo tampoco quisiera que me  tengan de un lugar para otro, no a mí nunca me ha gustado depender  de ellos, por eso Manuel  debemos estar unidos,   si  hay la oportunidad también podemos vender  este  departamento  y  comprarnos  uno  para nosotros y allí  estar solos los dos hasta que seamos viejitos

— Si Emili - le respondí- y la abrasé tiernamente.

En los siguientes días, Matías nos dijo que ya tenía la suma que  le correspondía , se hizo un préstamo bancario  y con lo que tenía ahorrado  le alcanzaba para  su  parte correspondiente, posteriormente  le aconsejamos que mejor sería comprarse el terreno en la urbanización para poder vivir  tranquilos y no atormentados toda la vida, también el lugar era paradisiaco entre la playa y  la vegetación, además sería para  siempre, ya no tendría que  buscar en el futuro otro lugar.

El domingo fuimos a visitar a Penélope en su departamento, conversamos sobre  los contagios, Samuel contaba de los casos tratados en el hospital y la clínica donde trabajaba, Penélope de los contagios en el Hospital del Niño y sus constantes temores de ser contagiada y Matías algo serio y decepcionado contaba que cada lunes era una psicosis el continuar trabajando o no, porque la empresa al empezar la jornada semanal hacia los test , las pruebas rápidas a todos los trabajadores que era normal que dos o tres  trabajadores estaban contagiados, el temía cada día llevar el virus a casa y vivía constantemente en esas ascuas, en diversas ocasiones se sentía sospechoso  de estar enfermo, yo les conté que efectivamente, cada tarde Matías era minucioso y exagerado en su sospecha, a la hora de la cena, no hablaba, porque temía contagiarnos, hasta nos hizo sospechar en varias ocasiones que estaba con la Covid 19.

A finales de julio, el gobierno extendió el estado de emergencia una vez más, comunicaron que pronto se ingresaría a la etapa tres, donde se reactivaría la economía, se podría viajar a las regiones y se reabrirían más negocios para recuperar la economía, para fiestas patrias el 28 de julio no hubo parada militar ni ninguna otra ceremonia, ese día el presidente expuso su trabajo realizado y el plan para el futuro, también anunció que para abril del 2021 se darían las elecciones generales para elegir nuevo presidente de la república, también comentó del avance del virus y las medidas de restricción tomadas; asimismo indicó que la curva de contagios deseada ya se había conseguido, puesto que el número de contagios diarios era estable y similar casi todos los días, al 31 de julio las estadísticas eran 414 735 los positivos y 19 217 los muertos.

El gobierno, para ese tiempo ya había superado la crisis del norte y oriente peruano, no se sabía mucho del sur, los amigos que tenía en Arequipa me iban comunicando que la situación era grave, que por fin las autoridades estaban trabajando cuando vieron que al hospital general de la ciudad acudían miles de personas diariamente a hacerse las pruebas y que existían gran número de infectados, habían cerrado las plataformas Avelino Cáceres, los moles y los grandes centros comerciales de la ciudad, habían suspendido el tránsito de vehículos públicos.

Algunos distritos habían cerrado sus calles para que nadie ingrese y salga  de los límites establecidos, que la ciudad estaba controlada por la policía y las fuerzas militares, por esos días comuniqué  por whats app a ocho medios de comunicación nacional  la situación de emergencia en la que se encontraba la ciudad de Arequipa, hecho que al parecer el periodismo en Lima lo  ignoraba,  dos días después   los medios de comunicación de la capital daban cuenta de los sucedido en el sur.

En medio  de la crisis nacional y mundial, el 11 de agosto del 2020 se informó una   noticia esperanzadora, el presidente ruso Vladimir Putin  anunció  que en Rusia   ya  tenían la vacuna  Sputnik V,  la carrera había empezado desde el mes de junio, este  era  un  logro  de  toda  la  humanidad,  también manifestaron  que    la fase tres   se iniciaría con pruebas en humanos  y que la vacuna estaría lista para aplicarla  a la población a fines de diciembre del 2020  o en el primer trimestre del año 2021.

El 15 de agosto las cifras generales eran las siguientes, 516 296 contagiados y 25 856 fallecidos, el día 16 de agosto se dio el pico máximo de contagios a nivel nacional, por día llegando a 10 143 contagiados, al cierre del mes eran 647 166 contagiados y 28 788 muertos. Ese día por la tarde, nos sentamos en la sala para conversar los tres: Emili, Matías y yo hablaríamos de las causas del no éxito esperado, comentamos que el gobierno había desplegado todos sus esfuerzos pero que los contagios estaban en su máximo brote.

— Es cierto  Manuel,- habló Emili - esto no va a parar, hasta que salga  la vacuna, dicen que  estará lista para finales del año  y llegará al Perú para fines de marzo o abril  del 2021.

— Bueno, - dijo Matías - ustedes ¿cuáles creen que fueron las razones por la que los contagios continúan y no se logró erradicar el virus en nuestro país?

Todos opinamos y llegamos a sacar conclusiones, primero hay que reconocer, que en marzo y en todo el mundo hasta hoy se desconoce mucho del virus, todos temían a ser contagiados, la existencia de asintomáticos que son los que  pueden contagiar más y no fueron detectados, el peruano tiene su propia idiosincrasia, le gusta la vida social, las reuniones por lo que no hubo distanciamiento social, el 70 por ciento de trabajadores era independiente, eso involucra que para vivir hay que trabajar y se trabaja en las calles  como  vendedores ambulantes, Lima es una ciudad grande con cerca de 10 millones de habitantes, algunos para ir a trabajar recorren  dos horas en buses y trenes, no llevaban sus atomizadores con alcohol,  la tugurización en las casas, muchos no tienen viviendas adecuadas y solo tienen  un solo ambiente para vivir, otros hogares no tienen agua potable por lo que  no es posible lavarse las manos continuamente.

Otro factor fue el sistema de salud frágil no desarrollado en años anteriores, no todos los hospitales tenían camas UCI y no fueron atendidos a tiempo, otros hospitales no contaban con plantas de oxígeno  sobre todo en los hospitales regionales ésta ausencia de plantas de oxígeno se produjo  por la corrupción existente en gobiernos anteriores  que no permitieron que haya más empresas  proveedoras de oxígeno, asimismo  muchos fallecieron por tomar medicamentos prohibidos como la hidroxicloroquina.

Lo importante era  prever las acciones que quizás en el futuro debían  darse  para superar  la crisis actual, concluimos que  los políticos deben tener conciencia y vocación de servicio para  los demás, no para satisfacer  sus propias necesidades engañando al pueblo, terminar con la corrupción que tanto daño nos causó, debía implantarse  una mejor educación en los colegios y universidades basada en  valores éticos y morales  y respeto a la patria y a  sus semejantes, en cuanto a economía, el país  tiene inmensidad de  recursos naturales,  la selva, las minas, los centros turísticos, que no se explotaban, industrias que podrían  generar  miles de puestos de trabajo, también se incrementarían los ingresos por la venta de materias primas y recursos naturales a precios onerosos y justos, implementar la tecnología de punta en investigaciones en todos los campos del conocimiento en las universidades, así el país se desarrollaría grandemente.

Finalmente hablamos de los centros médicos, los laboratorios y las boticas; algunos dueños de estos negocios aprovecharon la oportunidad para enriquecerse cobrando precios especulativos, de la otra parte hubo casos de familias que quedaron súper endeudados con las clínicas por la enfermedad.

Me quedé en la sala conversando con Matías, de todo el trabajo desplegado por el gobierno, reconocimos que el gobierno obtuvo logros, como que se mejoró la infraestructura hospitalaria y sanitaria del país, se reinventó la ciencia y la tecnología y se tomó conciencia de la difícil situación.

Perú fue la nación  que más pruebas hizo en Latinoamérica, después de Brasil  llegando a contar  al 1 de agosto con  3 215842 pruebas entre  rápidas y moleculares,  dicha cantidad de pruebas  equivalían  al 9,1 por ciento de la población total, ocupando el puesto 18 a nivel mundial,  según Worldometer que



Rodolfo Velazco Cervantes

recoge información oficial  de todo el mundo,  el 83.5 por ciento constituyeron pruebas rápidas y el 16.5 por ciento moleculares, el número total no incluyó  las tomadas en entidades privadas a trabajadores de empresas debido a que no permitían  identificar casos nuevos en personas sospechosas.

El detalle de haber tomado tal cantidad de muestras significaba que, a un futuro próximo, el número de contagios sea menor al total de otros países cuando lleguen al porcentaje similar que tenía Perú, a futuro el esfuerzo realizado se reflejaría en mejores resultados.

Aún quedaba la Sospecha de que el número de contagios podría ser mayor, así mismo quedó la sospecha de que el número de rastreadores fue insuficiente para contener el avance del virus, eran las once de la noche y nos fuimos a descansar.

Durante el confinamiento, existieron  diversos sucesos relacionados a la pandemia, surgían laboratorios y consultorios para hacer las pruebas rápidas, sin embargo los vecinos del lugar temerosos que acudan a dichos lugares contagiados denunciaban a la policía  que dichos centros eran clandestinos y no tenían los permisos respectivos, igual sucedía con fiestas que se realizaban por cumpleaños y hasta fiestas y reuniones sociales, en esa situación  el 22 de agosto los vecinos alertaron a la policía de una fiesta semáforo, en el distrito de Los Olivos, en una discoteca ubicada en un inmueble en el  segundo piso.

La policía quiso desalojar a los asistentes y capturarlos por el desacato, pues estábamos en toque de queda,  cerraron la puerta de calle en el primer piso para que nadie escape,  comentaron que la policía arrojó bombas lacrimógenas y  la gente empezó a salir  y bajar por las gradas, pero la puerta estaba cerrada y nadie podía salir a la calle, adentro se estaban asfixiando, después de unos minutos por fuera lograron abrir la puerta por  lo que la gente salió en desorden, empujando los que estaban arriba a los que estaban en las gradas, muchas mujeres cayeron a las gradas y al piso, siendo aplastadas y asfixiadas, murieron 13 personas. Las autoridades dijeron que  la mayoría de los muertos y algunos detenidos tenían la Covid 19,  fue responsabilidad de la policía el no  prever  un desalojo inteligente, también eran responsables los asistentes y dueños de la discoteca al no cumplir con lo dispuesto por las autoridades, el resultado de las investigaciones aún no se dio a conocer.

Agosto fue el mes de más contagios en el país, para  fin de mes  las cifras eran:  647 166 positivos y   28 788  fallecidos, cuando  todos nos enteramos de la  escalada  del contagio masivo en  Arequipa los últimos días  de julio, pude comprender que  esto ocurrió por no cumplir con las recomendaciones de quedarse en casa y guardar el distanciamiento social, el sistema de vida que  se había llevado en esa ciudad, conglomeraciones en los mercados  y en el sistema de transporte público y no tener el cuidado adecuado, motivó que en tres a cuatro  semanas se dé un gran ola de contagios, es ahí donde  recién las autoridades dieron la voz de alarma.

Motivado por las últimas cifras de contagios y muertes en el mundo, un día revisé mis anotaciones que hice sobre el nuevo coronavirus en los meses de febrero y marzo, cuando  se declaró la pandemia mundial por la Organización Mundial de la Salud el día 11 de marzo del 2020, días antes de viajar a Lima y anoté lo siguiente:

Para  mediados de marzo China tenía  81 667 positivos y 3 285 muertos,  Estados Unidos tenía  68 960 contagiados y 1041 fallecidos, Italia ocupaba el tercer puesto  con 74 386 contagiados y 7 503 muertos, por esos días Europa era el centro mundial de la pandemia, China el 19 de marzo informó que no había casos  de Covid 19 en territorio chino, el día 25 un tercio de la población mundial  estaba en cuarentena, para fines de marzo Estados Unidos  pasó al primer puesto en contagios por Sars CoV 2.

Durante los meses de abril a junio, en América los países más afectados por el Sars CoV 2, fueron : Estados Unidos,  en Norte América; Brasil y Perú en Sud América, notándose muchos dramas  en el mes de abril  en Ecuador  por  el colapso del sistema sanitario en ese país.  Posteriormente durante julio a agosto, los últimos días se notó una clara escalada de contagios en Argentina, Colombia  y México; en Centro América y El Caribe y otros países de Sud América  se dieron los brotes en escala menor, en resumen  en el continente americano  los países con más población  son los que a la fecha  lideran  la lista  con más contagios  del Sars CoV2.

En cuanto a Oceanía y África, los mayores contagios se dieron en Australia y en Sudáfrica, concluyendo que el virus se contagia  en cualquier  continente,  en  cualquier  clima,  en cualquier  altitud y en cualquier estación, es el ser humano quien lo transporta, lógicamente  los grandes contagios se dan en las metrópolis con gran cantidad de habitantes.

Los últimos días de agosto, compramos los pasajes para Arequipa, por fin se podría   realizar el viaje esperado tantos meses, la situación en esta ciudad   ya había sido controlada, anunciaron que las empresas de transportes aéreas y terrestres podían empezar a operar desde la segunda quincena del mes de setiembre, fue por eso que compramos los pasajes aéreos para el día 22 de setiembre.

Por favor papá, -Matías hablaba desesperado-  mamá, les ruego, les pido por favor ahora que se van a Arequipa cuídense ya no me van a tener a mí, ustedes ya son adultos, saben razonar, miren hay gente que murió por no cuidarse, otros por salvarse vendieron hasta su   casa, sus autos y gastaron todos sus ahorros, lo que ha costado trabajar tantos años, por favor les pido por última vez ¡cuídense ¡ustedes ya son responsables de sus vidas.

Un día casi a finales  de agosto, Rosario, hermana de Emili y que vivía en el Cuzco   había sido contagiada  del Sars CoV 2, tal noticia nos alarmó sobre manera,  todos   en casa estábamos preocupados,  los más enterados de la situación fueron  Penélope y Samuel a los cuales les llegaban  las consultas del caso, fue una mañana cuando Penélope   llamó a Emili que la tía Rosario estaba  mal, Emili   se puso a llorar desconsoladamente, mi hija Penélope les había recomendado  a la tía Rosario,  al tío Javier y a su prima Anais,  la llevaran al hospital inmediatamente y así lo hicieron.   Su saturación  estaba muy baja, en el hospital la auxiliaron con oxígeno.

Toda la familia estaba   preocupada por conseguirle una cama, Emili tenía una amiga  cuyo hijo era médico y trabajaba en el hospital central del Cuzco y él ayudó a que pudieran darle una cama, pasamos momentos dramáticos, Samuel ingresó  a los datos de Es salud y vio la historia clínica de Rosario, sus pulmones estaban dañados al 50 por ciento, tenía  neumonía,



Rodolfo Velazco Cervantes

sabíamos que estaba en estado grave y por eso Emili lloró muchísimo, todos en algún momento pensamos en lo peor, felizmente consiguieron una cama y la trataron, cada vez que Emili se podía comunicar con su hermana era una alegría para todos el saber que estaba mejor, Emili la trataba con el mas infinito amor y ternura, al igual todos mis cuñados que estaban en Arequipa, ocho días después Rosario estaba recuperada.

Días después, Rosario ya en casa tuvo los cuidados respectivos, Emili pasaba horas conversando con ella, Rosario le dijo que le recomendaron tomar mates de matico, una planta medicinal natural de algunas regiones del país, para recuperarse pronto, fue por eso que Emili preparaba mates de matico.

El tiempo transcurría en esa habitualidad, semanas sin poder ver a Penélope a Thiago ni a Samuel, era mi cumpleaños ya en setiembre y teníamos que vernos de todas maneras, fue así que los invitamos para almorzar el domingo seis, preparamos chicharrones de chancho, un plato que a todos nos agradaba mucho, conversamos y guardamos la distancia social, nosotros tres almorzamos en la mesa del comedor y nuestros invitados en una mesita que armamos en la sala, el momento fue bastante agradable, pues la comida estuvo exquisita, como bebida hicimos chicha de choclo morado y todos durante la hora que estuvimos juntos mantuvimos una alegría familiar, sentíamos que éramos uno solo, que nos queríamos mucho y que nos llevábamos bien, concluido el almuerzo se retiraron a su departamento.

Esa noche pensaba: *"Hoy  es mi cumpleaños 58  y tuve un sinnúmero de llamadas al celular y también mensajes de familiares y amigos  durante  todo el día"* me llamaron   hasta en la noche, ya acostado me puse a meditar  que  así en la distancia  se tiene mayores recuerdos, me   habían llamado personas  que no  frecuentaba  pero que me tenían presente, reflexioné que  tal vez en el fondo   yo les agradaba algo y agradecí sus llamadas, por todo eso  pasé un  día  muy bonito.



Rodolfo Velazco Cervantes

## Segunda Parte

## Mi Contagio y La Sospecha

El día lunes 07 de setiembre,  poco después de haber tomado desayuno,  sentimos una llamada al celular de Emili, era Penélope,  comunicándole que el hermano de Angelita  había fallecido en el hospital de  San Juan de Lurigancho víctima  de Covid 19, nos alarmamos y sentí  un dolor  en mi ser,  lo sentía porque estimábamos mucho a Angelita, además porque días anteriores ya nos habían comentado de su estado de salud y su abandono,  entonces Emili le dijo a Penélope que  en ese momento íbamos para su casa, para quedarnos con Thiaguito y Angelita pudiera irse a su casa para  ver  a sus familiares.  Diez minutos después  estábamos llegando al departamento de Penélope, Emili se bajó de la camioneta y se fue apresurada hacia  el edificio donde vivía Penélope, mientras yo parqueaba la movilidad,  minutos después me encontraba  en el 14 piso  del edificio, toqué el timbre y  Emili me abrió la puerta,  en la cocina lloraba desconsolada Angelita,  la miré y le  di mis condolencias tan solo a la distancia,   ella me miró y también  me hizo señales en ademanes  de desconsuelo y dolor,   me conmoví,  sentí el dolor de  perder a un  ser querido, no le pude dar un abrazo, ni siquiera  ante la muerte de su  hermano,  se alistaba para marchar hacia su casa,  Thiaguito estaba jugando en la sala

Me senté en una silla del comedor y desde allí  miraba a los tres, Emili conversaba por celular con Penélope, Angelita minutos después se despidió a la distancia de más de dos metros, continué por varios minutos sentado en la silla del comedor conversando con mi esposa algunas cosas sobre   la enfermedad y la situación de la familia de Angelita y la de cómo sería a partir de ahora, mientras tanto Thiago continuaba jugando en el piso y sobre los muebles de la sala.

> — Manuel, ya son las diez y quisiera   que vayas a la tienda a comprar plátanos para darle a Thiaguito, - habló Emili.

> — Bien, iré a comprar a la tienda de acá atrás, ahí venden buena fruta, pero ¿qué más puedo comprar? - le dije.

Al rato salí del departamento y me encaminé hacia el ascensor y presioné el botón  del primer piso, salí del ascensor y caminé  por el pasadizo que  conduce a la puerta exterior del edificio, avancé unos 7 metros  cuando de pronto sentí en mi rostro un aire frío, al tocarme  la cara me di cuenta que no me había puesto mi tapabocas,  pero ya estaba  en el pasadizo, había una puerta a mi izquierda la cual comunicaba con el patio de esparcimiento del edificio, en ese instante pensé regresar al departamento para ponerme el tapabocas pero decidí ingresar al baño para miccionar, luego no me acuerdo si manipulé o no los accesorios,  me regresé hacia el ascensor, vi el señalador (alguien bajaba del cuarto piso) el señalador marcaba el 3, el 2 y el 1, mientras bajaba el ascensor esos segundos, pensé  que los ocupantes del ascensor me observarían que no tenía puesto el tapabocas, en mi desesperación por subir al ascensor, lejos de alejarme  me pegué hacia la pared con la intención de  dar espacio a los que bajarían, las puertas del ascensor  se abrieron y solo  había un hombre de unos 55 años de edad,  el llevaba mal puesta su mascarilla,  me observó  y ni  me saludó,  yo instintivamente  me puse la mano izquierda en mi boca como tapándomela para que no me observe que no tenía el tapabocas, e ingresé abruptamente al ascensor  antes que   se cierren  las

77

puertas, adentro del ascensor  marqué   el botón  número 14,  en el departamento  de Penélope   le  dije  a  Emili  que  me  había olvidado el  tapabocas, lo encontré sobre un sillón de la sala  y me lo  puse  sin lavarme las manos, también me puse la pantalla protectora y  bajé  en el ascensor  para ir a la tienda y comprar los encargos de Emili.

Por la tarde a eso de las dos,  llegó Samuel  del hospital, esperamos  que  se    bañara  y  se  cambie  de  ropa,  luego conversamos   unos  minutos sobre  Angelita   y  después  nos fuimos para nuestra casa, la tarde de ese lunes 07 de setiembre transcurrió normal, Matías     vino  a  las  seis  de  su  trabajo, cenamos como de costumbre en la mesa de la cocina (nuestro comedor de diario)  mientras cenamos, le narramos  lo sucedido con  Angelita y la situación de que  ella  no vendría  a trabajar toda la semana porque   iba a ir al entierro y  se iba a juntar con sus hermanos, existiría  la gran  posibilidad que sea contagiada por  lo que teníamos que apoyar un poco más a Penélope.

El día martes   8, en la mañana  Emili y yo  fuimos para  el departamento  de Penélope,  al  rato  mi  hija  salió  para  el consultorio del dentista  y nosotros nos quedamos en casa con Thiaguito,  decidimos pedir por delivery el almuerzo, también ese día tenía  que sacar dinero del banco, además tenía que recoger los  menús, por lo que a las doce salí  del departamento, al cruzar la avenida Brasil   en la esquina había un  hombre pidiendo monedas, nadie le daba algo y sentí un poco de lástima, el hombre se acercó a mí y le di una moneda  pero sin tocarlo, después  me fui a recoger los  menús  y  regresé a casa, pasados unos minutos también Penélope   llegó al departamento, en menos tiempo de lo que  imaginamos, servimos el almuerzo y nos quedamos un rato más, tenía que regresar a la casa porque era martes y tenía clases de inglés a las tres, sin embargo Penélope consultó en su celular, le habían enviado un mensaje que  no habría clases por indisposición de la profesora, entonces nos quedamos unos minutos más, luego  nos fuimos al banco a sacar dinero, no hubo  nada de cola y saqué el dinero sin problemas, estando cerca de nuestro departamento, vimos a dos vendedores ambulantes vendiendo lechugas en un trici moto .

— ¡Para el carro ¡  -me dijo Emili -   compremos lechugas porque no hay  para hacer la ensalada.

Detuve el vehículo y me bajé a comprar las lechugas, estaban a bajo precio tres por dos soles y le alcancé el dinero, el vendedor no tenía guantes ni alcohol, me alcanzó las lechugas con las manos sin echarse alcohol, las lechugas estaban muy mojadas, el otro hombre manejaba la trici moto, regresé hacia la camioneta pensando en las lechugas, en la exposición de estas y la forma de venderlas, pensé que llegando a casa las lavaríamos cuidadosamente.

Al rato Emili estaba en la cocina   preparando una ensalada con la lechuga que recién compramos, pensé en darle una lechuga a Penélope al día siguiente porque tres eran mucho para nosotros, le pregunté a Emili si las había lavado bien porque me parecían que no estaban en buenas condiciones.

— Si, si las he lavado bien, más bien estas dos   las vamos a guardar -contestó Emili.

Me quedé pensando en silencio, ¿la habrá lavado bien? estábamos algo cansados y no quería renegar, el almuerzo que comimos donde Penélope fue solo un aperitivo y teníamos que



Rodolfo Velazco Cervantes

preparar la comida para Matías que venía a las seis. Guardé las otras dos lechugas en la refrigeradora y almorzamos, así el día martes transcurría en forma casi normal.  En la noche, antes de dormir pensaba en varias cosas,  en Penélope que ya se  había extraído  la muela y que estaba varios días sin comer, pensaba en su cumpleaños,  en el dinero que íbamos a depositar  y  la exposición  de estos dos últimos días ya que  habíamos estado en la calle muchas horas y habíamos  hecho una serie de contactos con gente en las tiendas,  en la boticas, en el banco,  por eso pensaba  que  el día miércoles debíamos  quedarnos en casa para pintar la cocina.

El miércoles 09,   fui a la ferretería a comprar pintura para la cocina y  se empezó con el trabajo  bien avanzada la mañana, también fui a la tienda y compré  eucalipto para hacer  mates y comprar otros víveres que nos hacían falta en casa, por esos días acostumbramos a escuchar radio Mágica a medio día donde ponían  música del recuerdo  y en  inglés, a las doce era la hora de Los Beatles, era muy  emocionante escuchar la música que nos retraía al pasado, gustosos  escuchábamos la radio mientras avanzábamos con el trabajo del día, ese medio día  avancé  algo con el pintado de la cocina  y continué  por la tarde  mientras que Emili se puso a descansar,  en la noche  ella me dijo que estábamos saliendo mucho a la calle y que no se sentía muy bien.

De otro lado,   esa noche pensaba  que el contagio de  la Covid 19 ya no era como el de antes,  pensaba que  mi ropa estaba muy contaminada, ya que  la ropa con la que salía la mezclaba en el ropero con la demás ropa,  que los alimentos que comprábamos ya no  los lavábamos con lejía y con tanto cuidado como lo hacíamos días antes,  pero  la realidad  nos exigía esos descuidos, estábamos presionados por hacer tantas cosas, viajábamos a Arequipa el 20 de setiembre  y  tal vez no regresaríamos en mucho tiempo,  el departamento por la humedad  requería del pintado, sobre todo de la cocina que estaba pintada a otro color diferente al resto del  departamento, teníamos que arreglar la lavandería,  limpiar los baños, arreglar los cuartos, la ropa, las maletas, los papeles y un sinfín de  cosas que  se quedaron pendientes y el tiempo  corría raudo lo que  no permitía disponer de tiempo para lavar  la ropa con la que salíamos a la calle constantemente.

El jueves 10,  Emili no se levantó,  tenía acceso de tos por su asma y tuve que pintar solo  la cocina,  quedaba la peor parte, las paredes  en las que tenía que mover muebles y  lijarlas, todo el trabajo lo hice  hasta medio día,  Emili continuó en cama toda la mañana,  siendo casi las dos de la tarde sentí hambre  por lo que fui a comprar el menú en un restaurante a dos cuadras de la casa, a las tres tenía clases de inglés,  pero ya eran las tres y Penélope no me enviaba el link para entrar a clases  por  lo que opté  por no escuchar clases ese día y avanzar con el trabajo  del pintado de la cocina, a las cinco vino Matías y  yo a esa hora empecé a sentir un escalofrío tremendo.

Emili se levantó para atender a Matías, yo  no me sentía bien, solo los acompañe un momento y me fui a acostar,  el frio que sentía era infinito,  antes sentí ese extraña sensación  un año atrás cuando se me bajó sorpresivamente la presión y fui al hospital  en Arequipa,  ahora el escalofrió era similar,  además sentí un gran dolor  en las  piernas,  en la espalda y en los brazos,  estaba acostado tiritando de frío y me toqué las nalgas y parecían de hielo, era muy extraño, llamé a Emili y le dije  que no estaba  bien que sentía mucho frio que  me ponga otra manta además que me frote las piernas  y la espalda, los pulmones,

81

zonas que me dolían mucho, me frotó  y  me alivié algo, también   mi cansancio era muy grande,  pensaba que  ya  el pintado se había  avanzado bastante y al día siguiente solo haría algún retoque en las partes que lo requirieran.

El viernes 11, Emili se sintió mejor,  se levantó temprano para atender  a Matías, yo me quedé en cama hasta las ocho, amanecí con normalidad, el dolor   de piernas, nalgas y espalda se habían desparecido algo, el dolor era leve, el viernes 11 era cumpleaños de Mary  y decidí saludarla por celular, la llamé y conversamos con normalidad,  luego ayudé a Emili a  hacer el almuerzo y  empecé con el retoque en la cocina a pequeñas partes que lo requerían, terminé el pintado y antes de almorzar decidimos ir al banco a hacer el depósito en plazo  fijo, en el banco no hubo mucha gente y  la transacción se hizo en forma tranquila, el resto del día lo pasamos en normalidad.

El fin de semana el sábado 12  y domingo  13,  lo pasamos en casa, Emili, Matías y yo, realizando las  tareas  de siempre y en las horas de ocio la pasamos  charlando amenamente en la sala y en la cocina, a Matías le gustaba engreírnos demasiado por lo que   el sábado compró víveres y otros gustos para que nos sintamos bien,   miramos películas  y otros programas muy bonitos,  el domingo no se podía salir ya que el gobierno lo decretó así,   día  de confinamiento  para todos, a Matías tampoco  le gustaba que  pasáramos el día trabajando, prefería vernos sentados  en la sala mirando películas  en la televisión  o en la cocina   preparando el desayuno , almuerzo y cena y algún otro platillo,   ese domingo  Emili y Penélope conversaron mucho por celular  de lo que iba a hacer  Penélope  ya que el lunes era su cumpleaños.   Mientras tanto yo y Matías conversábamos en la sala de su trabajo y del mío, otros momentos la pasamos diseñando y dibujando los planos   de la futura casa que tendría Matías en Chiclayo, nos pasamos casi toda la mañana en este proyecto, por la tarde   conversamos mucho de los planes a llevar a cabo, del presupuesto a invertir, de su maestría y de lo que se iba a hacer los meses siguientes hasta   marzo del 2021.

La administración del edificio  dispuso   el nuevo horario de sacar la basura  hacia la calle  por orden  de la municipalidad de Magdalena, el horario antes era desde las ocho de la noche hasta las diez, ahora   era desde las nueve hasta las diez, a esa  hora a las nueve era muy  pesado sacar la basura, ya  que normalmente nos   retirábamos a descansar a las ocho y levantarse una hora después, era  muy difícil,   pero si no se arrojaba la basura  ésta se acumulaba  y   era  desagradable tenerla en la   lavandería, por eso   se botaba  cada noche o a lo máximo cada dos noches de acuerdo también a la cantidad de desperdicios acumulados, a Emili y   a Matías   no les gustaba que  salga a echar  la basura a esa hora,  les dolía mucho  que yo   hiciera ese trabajo a esas horas de la noche, pero tenía que hacerlo.

Al día siguiente, lunes  14, a medio día  Emili y yo fuimos a celebrar el cumpleaños 34 de  Penélope,  la cual ansiosa nos esperaba en su departamento de la avenida Brasil,  al ingresar a su departamento  nos impresionó  el  bonito  arreglo que Samuel le trajo con tal motivo,  unos adornos color amarillo  y  dorado y unos globos plateados    colgaban en el techo,   el arreglo era artístico y bello,  al poco rato   vino Samuel con   el  bufet comprado en un famoso chifa  de la zona,   Thiaguito estaba elegantemente vestido, era la alegría del hogar,  con sus gracias nos entretuvo unos minutos,  rato  después,  Samuel puso en el equipo, música  para alegrar el momento,    mientras Emili  y

83

Penélope  servían  los platos   en la cocina,  minutos después nos sentamos   en la mesa guardando la distancia social,   era comida china  con  bebidas  refrescantes,   habían  programado  una reunión familiar por medio de zoom y a la hora  acordada  todos los familiares estuvimos reunidos por este medio.

A la reunión virtual  ingresaron   la señora María, madre de Samuel, sus hermanas: Ester,  Sara y Susana y su primo Jorge y de nuestra parte nos conectamos con Matías,  desde su trabajo, tomé la palabra  y luego habló Emili, después cada uno de los presentes hablaron y saludaron  a Penélope   por la ocasión, luego cantamos el  cumpleaños feliz  y así se acabó la reunión  y luego pasamos  a comer el delicioso bufet,  fue en ese momento cuando vi mi plato  servido que sentí náuseas , algo raro pasaba en mi organismo,  el bufet  me causaba  náuseas, acto  que simulé  ya que estábamos  todos sentados en  la mesa,  comí solo un poco y le dije a Penélope que me  lo llevaría a casa, permanecimos  en su casa  una media hora más  y Penélope nos envió buena parte  del bufet para comerlo en casa.

Por la tarde  cuando llegó Matías de su trabajo, Emili  sirvió los platos  pero  yo al ver la comida   me vinieron  otra vez fuertes náuseas que casi vomito en la cocina, me negué  a comer y preferí retirarme a mi cuarto, los dejé solos a mi esposa y a mi hijo, tampoco sentía hambre, por lo que esa noche  me dormí sin comer nada, de otra parte Emili aún no se sentía bien con sus síntomas del asma, en ese sentido   Penélope recomendó esa noche  que se hiciera lo más pronto un análisis de sangre .

El martes 15,  sentía un malestar general  en todo el cuerpo, pero  aún parecía normal, no le hacía caso, los problemas respiratorios de  Emili  seguían, por lo que  permaneció gran parte de la mañana en cama, ya estaba tomando medicación  para su asma , Matías había solicitado  permiso en su trabajo por unas horas,  fuimos a visitar a Penélope, Matías  fue a la peluquería a hacerse  cortar el cabello,   en el departamento de Penélope, charlamos  un momento, de pronto Emili   propuso jugar a la gallinita ciega con Thiago, yo me sentía apático, no tenía ánimos ni fuerzas sin embargo Emili  insistió para que  yo jugara y lo hice,  no me sentía  bien, como en otras oportunidades, me cansé rápido y solo quería descansar, a la una vino Matías, almorzamos delívery y luego   nos regresamos a la casa.

Esa tarde hice clases de inglés, la profesora anunció que el jueves sería  el examen final y como tarea nos dejó gravar un video preparando cualquier platillo, se tenía que mencionar   los ingredientes y la forma de preparación, hablando todo el video en inglés, a eso de las cinco de la tarde, Emili estaba muy preocupada por lo conversado   con   Penélope, tomamos ivermectina antes que llegara Matías, cuando el llegó a las seis le dijimos que  Emili  tenía que sacarse la prueba para determinar si tenía covid  o no.

Después de la cena me quedé un momento con Matías en la cocina.

- Matías ¿quieres que prepare mate de eucalipto? - Le pregunté.
- Si  y quiero que me enseñes a prepararlo ¿cómo se hace?
- Que bien hijo, mira primero vamos a sacar cinco o seis hojas de eucalipto por cada vaso, si somos los tres entonces son 15 hojas, las lavamos bien y las echamos en esta olla que contiene los tres vasitos de agua, dejamos



Rodolfo Velazco Cervantes

hervir, ahora agregamos la cáscara de dos o tres limones, que hierban también.

Matías pelaba los limones con dificultad, sacando parte del cuerpo del limón y me sonreí.

— Ahora ¿qué hacemos?  -preguntó.

— Ya ha hervido el agua por dos o tres minutos, ahora vaciamos el mate a los vasos y agrégale un poco de  jugo de limón a cada vaso.

— Hubiéramos pelado tres limones uno para cada uno, - expresó Matías.

— No importa mucho, vacía un poco de jugo de limón a cada vaso y agrégale una cucharadita de miel de abeja a cada vaso –le indiqué.

Matías animoso agregó la miel a cada vaso y tomamos el mate así caliente y le llevamos un vaso para Emili.

— ¡Ya sabes preparar mate de eucalipto! -dijo Emili- ahora vas a preparar cada vez que quieras.

— Así es, ahora que hace frio creo que debemos tomar más, -indiqué.

Esa noche antes de irnos a acostar quedamos con Matías para que pida permiso a su trabajo y vendría a las diez para ir con su mamá al laboratorio para la prueba rápida.

Al día siguiente el miércoles 16,  a las ocho de la mañana vino Penélope con Thiaguito,  ya que en su casa no había con quien dejarlo,  Angelita estaba con Covid 19, Penélope  se iba a su trabajo en el Hospital del Niño,  le prendimos la televisión  y le preparamos  su desayuno, pero el ambiente  no estaba del todo tranquilo, Emili estaba muy nerviosa por la prueba, me decía que no me acercara a Thiaguito porque tal vez estemos con la Covid 19 y podríamos contagiarlo,  antes de las diez vino Matías y  fue con su mamá  hacia un laboratorio que quedaba cerca a la casa en la avenida Javier Prado, después  de una hora regresaron,  con el resultado de negativo, pensé que   las especulaciones  de Penélope solo eran nervios  y temores,  entonces  fuimos para el laboratorio  para sacarnos el análisis de sangre solicitado por Penélope, Matías se quedó cuidando a  Thiago.

En el laboratorio  había regular cantidad de gente, no esperamos mucho  y  mientras me sacaba la sangre conversaba algo con la señorita que lo estaba haciendo, pensaba como   en esta pandemia   había gente muy valiente que  salía a trabajar y se enfrentaban cara a cara con los posibles infectados,  la señorita me dijo que  por la tarde  los resultados  los enviarían por el correo electrónico, retornamos con Emili  a casa  pasado el mediodía, Matías estaba preocupado  por  la hora,  apenas llegamos  salió para su trabajo, no almorzó, el ambiente se volvió  horrible,  ese día no le prestamos atención a Thiaguito que seguía prendido de la televisión, felizmente  trajeron el menú que Matías solicitó y le dimos de almorzar a Thiago, nosotros no teníamos hambre y no almorzamos, a eso de las tres de la tarde  Penélope llamó por celular   indicaba a su mamá  que ya tenía los resultados del análisis.

87

— Mamá tú estás bien, en tu PCR los valores están normales, pero mi papá está grave, sus valores están altísimos y es casi seguro que tiene el covid,- expresó Penélope.

Yo estaba cerca y escuché todo, entonces me asusté mucho y le pedí el celular a Emili.

— Si hija, dime ¡qué   pasa con mis análisis! – exclamé.

— Papito, sabes tu PCR está muy elevado muy por encima de los valores normales.

— ¿Qué significa eso?   Penélope dime que ha pasado, que resultados tienen mis análisis, ¿qué es la PCR?

— La PCR es una técnica de diagnóstico que permite detectar un fragmento del material genético de un microorganismo, también esta muestra detecta si se ha encontrado rastros de ARN del virus y los exámenes indican que si, en otras palabras, significa que tus órganos respiratorios están súper inflamados por algún patógeno es decir que ya lo tienes al virus dentro de ti, por eso están inflamados ¡hay papi ahora que vamos a hacer ¡  -se lamentaba.
— Bueno hija, mañana voy a hacerme la prueba molecular y allí ya sabremos con seguridad si tengo covid o no.

Me quedé atónito con lo que me habló, me asusté mucho, pero no sentía síntomas, le pasé el celular a Emili y   ya no quería escuchar nada más, Emili y Penélope continuaron hablando un rato.

Esa noche me preocupé más que otras noches, me quedé asombrado de lo que me pasaba, si yo me había cuidado todo este tiempo ¿cómo me podría pasar? *seguramente se debe a otras cosas, no creo que esté contagiado,* -pensaba.

Terminó de hablar con Penélope y entonces Emili empezó a recriminarme.

— ¡Tienes Covid! es casi seguro, pero ¿dónde te pudiste contagiar?

Escuchaba su voz preocupante a punto de llorar, me sentía pésimo, no sabía que responder, por un lado   su miedo, sus quejas, por otro lado el miedo en si a la Covid 19,  al virus Sars CoV 2,  pensaba en Matías,  como se sentiría.

— Ahora ¿qué vas a hacer?, preguntaba Emili, ¿Dónde te pudiste contagiar?   ¿qué será de nosotros?

Me recriminaba y atónito no supe responder, me fui al baño, en mis oídos y cerebro estaban presentes las palabras de Penélope.

— "Mamá tú  estás normal, tus valores de PCR están dentro de lo normal  en cambio mi papá,  está con su PCR  muy alto con sus valores  por encina de 5, tiene  el doble 10 y eso indica que  está con Covid 19. Sus palabras me cayeron de sorpresa, me asombré y me asusté ¡Dios mío! me dije dentro de mí y ahora… un miedo indescriptible llenó mi ser, temía por el contagio que iba dar a Emili y a mi hijo Matías, pensé en las consecuencias y la recriminación que me harían, del porqué del contagio, después pensaba en mi salud, ¿soportaría la enfermedad? sabia y decían que era muy peligroso y sentí miedo; que me agrave, como afrontaría a la Covid 19, permanecía en silencio, desde el baño escuchaba a Emili  gritar:

— ¡Dónde te has metido!
— Ahora ¡que va   a ser de nosotros!

Pasamos unos minutos amargos   llenos de preocupación dentro de mi decía: ahora solo me queda enfrentar no me queda otra,  los contagiaré,  todos  enfrentaremos juntos a la covid, poco a poco   le fui perdiendo un poco  el  miedo, también sospechaba que tal vez podría ser una equivocación,  en ese momento no sentía los síntomas que decían los que se contagiaron de la Covid 19,  solo esperaba que Matías viniera y le  contáramos  lo sucedido, Emili tomó   en una cuchara   la ivermectina y luego me dio a mi para que la tomara, 79 gotas una por cada kilo.

Al rato llegó Matías, luego de lavarse las manos y cambiarse de ropa del trabajo se acercó a la mesa de la cocina para cenar, él siempre cuidadoso con su comportamiento tan minucioso a efectos del contagio de la covid, se sentó en su silla y Emili le contó    del resultado del análisis de sangre del laboratorio y los que nos dijo  su hermana.
— ¿Ves?  -dijo mirándome fijamente a los ojos.

— Te dije papá que no salgas y ahora, ya estamos fregados, seguro todos estamos contagiados, pero que se puede hacer -más calmado agregó- enfrentaremos unidos la enfermedad.

— Si Matías, no hay otra cosa que hacer – hablé- pero todavía lo dudo, solo la prueba   rápida o la molecular despejarán toda duda.

— Si, mañana muy temprano iremos al laboratorio para sacarte la prueba-dijo Emili.

Luego de planear como se haría  al día siguiente,    nos fuimos a descansar y a pensar en el problema,   era un temor constante   de tantos meses y hoy estaba dentro de la casa,  en ese rato me olvidé de decirle  a Emili que le de ivermectina a Matías, los  nervios y la preocupación eran más, de otra parte quería sentir algún otro síntoma, aún olía  y sentía los sabores, todo aparentemente estaba bien, salvo el gran dolor de músculos, piernas, brazos y espalda que sentí el jueves, mi nariz estaba bien, no tenía mucosidad y no me fastidiaba, no tenía fiebre ni dolor de cabeza ni tampoco  el desgano total  de ayer en la casa de Penélope.

Esa noche a manera de calmar los nervios y asegurar las cosas otra vez llamé a mi hija.

— Penélope tal vez yo sea asintomático, porque ahorita no siento molestias, - le dije.

— Hay papá -dijo Penélope algo molesta-  mañana te quiero ver ya con los resultados, con esta enfermedad no hay que jugar.
— Yo me siento bien, claro estoy dentro de la normalidad.

— Papi, un examen de sangre nunca se puede equivocar, mañana te sacarás también la prueba para despejar.

Entre preocupado y pensativo me fui a acostar, me puse a pensar en donde me pude contagiar, recordaba todas las escenas del día y de la semana, tenía la  sospecha que pudo ser el día lunes 7 cuando fui a casa de Penélope y salí a comprar sin mascarilla, por  lo que regresé al ascensor, de este salió  un hombre,  yo al ingresar al ascensor  sin mascarilla aspiré el aerosol de la persona  que salió,  sospeché que ese hombre estaba con covid y ahí me contagié, sospechaba  de otra situación, cuando el día martes compré lechugas, ya no quise seguir pensando en eso. De otra parte el estado de salud  de Emili también me preocupaba, hacia días que su respiración no estaba bien y sentía malestar.

No podía dormir, pensaba en el lugar o la ocasión donde me pude contagiar me levanté, me fui para la sala cogí el cuaderno donde anotaba mi diario y seleccioné una parte de ese cuaderno y anoté "La Sospecha" a partir de ese momento escribiría en esta sección todo lo que podía referirse al contagio, (fue así que posteriormente fui anotando todo lo acaecido con mi enfermedad).

Esa noche también estaba preocupado por la tarea que nos dejó la profesora de inglés, era el examen final del curso y teníamos que enviar un video grabado y hablado en inglés, por la tarde era el examen final, en medio de la preocupación y los problemas presentados me fui a la sala a estudiar, cuando regresé

92

a mi cuarto Emili ya estaba durmiendo, igual Matías en su habitación.

Planeé lo que haría en la mañana : temprano repasaría lo que  hablaría en el video,   indicando los ingredientes a utilizar y como era su preparación,   no tenía que sobrepasar los dos minutos,  eso me preocupaba  bastante, quería gravar  el video en días anteriores pero las circunstancias lo impidieron,  yo sé que en estos momentos  no era tan importante para todos pero para mí sí,   tenía que ser responsable y no defraudar a la profesora y a mis compañeros del curso y debía  hacerlo,  como planeamos  salir temprano dejaría todo listo, regresé nuevamente a la cocina  y alisté la fruta y los envases mientras repetía  las frases que tenía que hablar, me quedé practicando mucho esa noche,  ya casi a la una de la mañana me fui a dormir, el video se lo  enviaría a la profesora Vanesa antes de las diez de la mañana.

Al día siguiente, jueves 17, después que Matías se marchó a su trabajo, le supliqué a Emili me grabara, coloqué   las frutas y menaje a utilizar   en la mesa del comedor y entonces Emili me grabó, el video duró menos de dos minutos, pero salió bien, se lo envié a la profesora Vanesa a su whats app antes de   las nueve y eso me tranquilizó bastante, ahora solo faltaba el examen de la tarde   y terminar el curso.

Después de la grabación otra vez  me reintegré a la casa, traté de ser positivo y poner ánimo, aunque el malestar  me invadía,  Emili llamaba y llamaba al laboratorio,  días antes lo hacía igual para sus análisis,  la señorita telefonista  ya conocía su voz,  le dijo que ya no había espacio pero Emili  le pidió  uno para mi prueba molecular, la señorita le insistía que  ya no había espacio para ese día, ya que la demanda era altísima,   pero Emili le suplicó nos hiciera el favor, le habló de  nuestra hija la doctora Penélope   y  por fin la señorita parece que se conmovió, le dijo

93

que volviera  a llamar en diez minutos para  ver si podía conseguir un turno para ese mismo día.

Al rato  Emili llamó por teléfono al laboratorio, por fin  la señorita nos dio un turno para las seis de la tarde el costo era 300 soles y en otros laboratorios 400,  esperamos que sean las cinco para ir con  Matías  al laboratorio,  a las tres di bien mi examen de inglés y miramos los videos de todos los alumnos,  la señorita Vanesa se despidió clausurando el curso,  mentalmente  el no tener  ya esa responsabilidad hacía que mi mente esté más  clara para  enfrentar  la enfermedad si en caso la tuviera.

Eran las cinco de la tarde, fuimos al laboratorio para sacarme la prueba molecular,  fue  algo molestosa, cuando me pusieron los palillos o hisopos en la nariz  solo sentí  un leve tacto,  pero cuando me puso un instrumento en la garganta  sentí una sensación fea, me dieron ganas de arrojar, la señorita previamente me alcanzó un manojo de papel  toalla, en el cual arrojé  mucha saliva y flema, no tuve  ánimo de conversar nada con la  señorita  de la prueba solo atiné a preguntar para cuándo saldrían los resultados,  me dijo que usualmente demoraban 24 horas pero que iba a tratar de que sea para  mañana  en la mañana, le agradecí,  afuera  del  laboratorio  me esperaba Matías para irnos a casa, todo lo veía raro, el cuerpo estaba raro, no estaba fuerte, estaba sensible, solo quería  descansar.

Saliendo del laboratorio, Matías recibió una llamada a su celular, observé que se puso muy triste y dijo: ¡cuánto lo siento, era mi amigo! le pregunté qué había pasado, me dijo: me han llamado del trabajo, ha muerto de covid mi amigo Jesús encargado del almacén,   yo también sentí una profunda pena y miedo a la vez.

— ¿Cómo era físicamente? - Le pregunté.

— Era gordito, seguro eso no lo ha ayudado, mira lo que es la vida hace dos días yo he conversado con él, a medio día dijo que iba al hospital, sé que ha estado grave y hoy día  murió.

Continuamos en silencio yendo para la casa, sentimientos de pena y de preocupación invadían mi corazón. Al llegar a casa Samuel y Penélope ya le habían enviado  al whats app de Matías una receta  para comprar medicinas y medicamentos  le dijeron que esa misma noche deberíamos empezar con el tratamiento, la estrategia a seguir era   apresurarnos y no permitir que el virus avance ya que después  la enfermedad avanzaría y se complicaría y  eso era lo que no queríamos que suceda.

Matías  salió a la botica a comprar  la indicada receta,  esa noche conversamos todo un plan con Samuel,  teníamos que darle información en forma diaria de nuestro estado de salud, Matías diseñó  un cuadro Excel  con  los días,  las  horas,  las medicinas y aplicaciones que  debían hacerse,  'teníamos que cumplir con todos los protocolos y   así lo hicimos,  esa misma noche empezamos con  lo  que  indicaba  el  cuadro,  toma  de presión, de temperatura,  de saturación de oxígeno,  anotación de síntomas y toma de medicamentos para cada mialgia o situación presentada. Cada uno de nosotros tenía su cuadro para llenar todos los días de la semana.

Empezamos esa misma noche a tomar pastillas, Emili y Matías sentían dolor de cabeza y tomaron paracetamol, lo raro de mi temperatura era que siempre tenía 35.8 o 36.5 la mayoría de días  y yo me sentía normal solo hice tres veces fiebre superior a 37 grados llegué a 37,7 y 38, pero Emili y Matías sí superaban en varias veces los 37 grados.  Emili saturaba 94 según el oxímetro y 98  de pulsaciones, Matías 97 de saturación y 102 de pulsaciones y yo 96 de saturación y 75 de pulsaciones, el dolor corporal continuaba, yo tenía tos desde el día anterior, mialgias y fatiga todos, pérdida del olfato pérdida del gusto parcial en los tres, un poco más en Matías, el jueves según monitoreo era el primer día de tratamiento y así   seguiría la evolución de la enfermedad y del tratamiento.

Viernes 18, por la mañana  empezamos  con los controles de temperatura, presión y saturación, luego nos fuimos a la cocina a tomar desayuno, pero un síntoma más  nos indicaba la proximidad de  la confirmación del covid,  ninguno de los tres sentíamos  plenamente el aroma  del café, yo si sentía el aroma pero muy poco,  tomamos desayuno y  al rato  las  primeras pastillas,  a eso de las nueve   Emili   me sacó cita para que me tomaran una tomografía de  los pulmones  en una clínica   en Miraflores,  fui con Matías,  para ese entonces   mi hijo había solicitado permiso por cinco  días a su trabajo  y  gracias a su jefa   le concedieron el permiso,   entonces ya no había la preocupación que se ausentara  del trabajo.

Más   tarde a  eso de las once  de la mañana salimos para la clínica,  pero había demasiada gente,  esperé más de hora y media para que me llamen, en ese momento sentí molestias del estómago,  fui al baño hice una abundante diarrea con olor,  pero después me sentí aliviado,   ya a eso de las doce ÿ media, me cansé de esperar y le dije  al personal del mostrador que   iba a salir unos  minutos,  Matías  me llamó al celular indicándome que estaba en una playa de estacionamiento a  una cuadra  de la clínica y me dio la dirección,  fui para allí,  me preguntó si ya me habían  sacado  la tomografía y le dije que aún no,  que había mucha gente pero que ya les había exigido,  me dijeron que  en unos diez minutos  me  llamarían para sacarme la tomografía.

— Tú  que  tal, - le pregunté- seguramente te has aburrido, tanto rato esperando.

— No, yo tengo todo el tiempo disponible, ya pedí permiso al trabajo   y por eso no te preocupes, ¿sabes?  me acaban de enviar los resultados de la prueba molecular.

— Así ¡que dicen!   -pregunté desesperado.

— Si papito, has dado positivo, ya no hay nada que hacer solo enfrentar la enfermedad.

Me habló en voz suave y comprensible, eso hacía que yo amara tanto a mi hijo, era mi compañero y en ese momento tan preocupante estaba conmigo, me dio fuerzas, me dio ánimo y yo sentí que, sí podía enfrentar a la enfermedad.

— Si hijo, ahora ya estamos enfrentando, ojalá no sea severa y solo sea leve o moderada, - argumenté.

— Sabes, -le dije- no sé si será por la ivermectina o por el virus,  he ido al baño, pero ahora  me siento  bien.

— Yo también he hecho diarrea por eso me vine acá a la playa, -expresó Matías.
— Bueno ya han pasado los diez minutos iré a la clínica, tal vez ya me estén llamando y bajé de la camioneta.

97

Me senté en una silla y al rato me llamaron para  tomarme la tomografía que costó 400 soles, pero hacer esos gastos ahora no importaban, lo que si importaba era conocer el estado de mis pulmones, si ya tenía neumonía o no, para que Samuel y Penélope tomaran las medidas del caso.

Ingresé al tomógrafo,  el doctor me indicó que tomara y botara  aire, cuando ellos me indicaran, puse los brazos arriba y empezó a moverse el aparato, me dieron la indicación de tomar el aire,  pero  ahí sentí que  mi aparato respiratorio estaba en pésimo estado, en ese momento me vino un ataque de tos muy fuerte, no pude  sostener el aire  me limité a tomarlo suavemente y a expulsarlo  igual en las otras pruebas que hicieron,  días antes tenía tos pero suave,  pero ahora  justamente en ese lugar me vino muy fuerte, traté de no inspirar aire con mucha fuerza  pero si lo necesario, dominé con mi mente esa sensación que  era indominable,   felizmente todo acabó muy rápido, salí del lugar y  me dijeron que esperase unos quince minutos, afuera en la playa conversé con mi hijo, en eso  nos llamaron  al  celular para recoger las placas, Matías al rato regresó  con un sobre trayendo las placas y nos fuimos para el departamento.

Emili y Matías sacaron las placas  en la sala y empezaron a verlas,  había poca luz y entonces se fueron para la lavandería donde sí ingresaba bastante luz y las pegaron en los vidrios de la ventana,  yo  miraba desde lejos,  porque no me sentía muy bien, conversaron con Penélope,  sobre las placas que les tomaron fotos y se las enviaron por whats app, entonces Penélope dijo que no eran de los pulmones,  leyendo el sobre pertenecía a otra persona, eran del hígado,  inmediatamente Emili se molestó, llamó a la clínica indicando que se habían equivocado  de sobre, que nos dieron de otra persona  y dijeron que ya las traían en quince minutos, traté de no hacer cólera y que las cosas se calmaran, hablamos de la prueba  molecular que era positiva y que  ahora enfrentaríamos juntos  la pelea contra el virus, el problema era en como dormiríamos si solo había dos dormitorios,  acordamos dormir en el dormitorio grande,  solo que  Emili dormiría al revés, es decir con su cabeza  hacia mis pies,   a la cama agregaríamos  un sillón de la sala para distanciarnos y conservar el metro y medio  de distancia.

Al rato trajeron las placas y  nuevamente las pegaron en los vidrios de la ventana de la lavandería  ahora desde lejos  se notaban los pulmones pero no sabíamos interpretarlas,  les tomamos fotos y se las enviamos a Penélope y a Samuel que a esa hora  ya regresó del hospital,  nos dijeron que  estaban comprometidos los dos pulmones pero en hora buena  el avance de la neumonía no era mucho, el pulmón izquierdo estaba al 30 por ciento  y el derecho al 40 por ciento,  entonces reforzarían con más  antibióticos que recetaron, lo importante era  no agravarse, nada de agarrar agua fría  y a cuidarme más, mi saturación se mantenía a medio día y en la tarde era  entre  95 a 96, pero amanecía en 92. Para ese momento ya no se cocinaba en casa, todo lo pedíamos por delívery, el almuerzo, los alimentos, los víveres y hasta las medicinas.

Emili  conversaba con sus hermanos y  familiares a diario, Rosario su hermana que también fue contagiada un mes antes y radicaba en el Cuzco,  le decía que hiciéramos los mates que a ella le habían aconsejado, mates de matico, otra hierba que según ella  era buena contra  la covid  y Emili  era fiel a sus  consejos, yo estaba más delicado y no podía coger agua  y permanecía más tiempo en cama, Emili toda esa semana hizo mates  pero de matico, bebíamos los líquidos calientes y también para contrarrestar el frío del clima, yo no estaba de acuerdo y prefería el mate de eucalipto, porque ahora más que nunca los necesitaba, sin embargo Emili me mentía me decía que también el mate que me daba tenía eucalipto.

Durante esos días Emili nunca logró hacer un mate con hojas de eucalipto, es más un día vi la rama de eucalipto que compró Matías que estaba en la basura, le pregunté porque había hecho eso, me contestó que la rama ya estaba seca y que por eso la botó, me indigné y sentí mucha cólera, me había preparado dos meses para este momento y ahora me faltaba lo que yo suponía me ayudaría a combatir al virus en determinado momento, aun así tomábamos ese mate una o dos veces al día , continuamos con lo descrito en el plan, llegaba la hora de poner la inyección, yo pensaba que Penélope vendría a ponérmela, pero no, ella también se sentía mal, estaba ya contagiada por el virus, nos dijo que conocía a enfermeras y que también había avisos en el celular, le preguntamos cuanto cobrarían ya que eran dos inyecciones diarias, nos dijo que tal vez veinte soles cada una, Penélope finalmente le explicó a Matías como se colocaban le dijo que era muy fácil la colocación en el vientre alrededor del ombligo, era las ocho de la noche y Matías ingresó a mi cuarto.

— Papito, ahora te toca estas inyecciones, es para evitar la trombosis ya me han explicado cómo se colocan, es fácil y tú sabes lo complicado que sería llamar a una enfermera y a estas horas peor.

— Está bien Matías, no te preocupes, ponla tú –le dije- y le di confianza, le ayudé a hacer bulto  en el vientre  para que no esté muy plano y ayudar a su colocación.

Matías se acercó a mí,  parecía seguro y  que recibió bien las instrucciones o tal vez vio un tutorial,  pero  la colocó,  no me dolió nada  y    luego   continuamos mirando televisión,  más tarde  a la hora  de dormir  si se complicó la cosa , ya que Emili se quejaba de dormir   en sentido contrario,   entre Matías y yo le acomodamos las mantas  y almohadas   para que se sintiera bien y no esté incomoda,    finalmente aceptó y así dormimos  esa noche. A partir de ese día, mi hijo, pasó a ser nuestro médico en casa y  Samuel y Penélope  los directores del tratamiento, Matías nos tomaba la presión cuando   Emili se quejaba de palpitaciones en el corazón y eso era motivo para tomarme a mí también la presión, la cual siempre  fue constante durante  la enfermedad y no se alteró.   Para tomarle la presión arterial tuvo que aprender el manejo del estetoscopio y a escuchar bien las palpitaciones del corazón, en   cuanto a los horarios era muy disciplinado, de todo ese tratamiento   lo más preocupante era el resultado de la saturación y la colocación de inyecciones de corticoides en el vientre a fin de evitar la trombosis.

Serían  las  dos  de  la  mañana  del  sábado  19,  desperté sudando, Emili me había puesto una tela gruesa en la espalda para abrigarme los pulmones antes de acostarme, me quité la tela y me sequé el sudor con una toalla y me acosté nuevamente, después de un rato sorpresivamente sentí la presencia de alguien en el dormitorio, era Matías, que había abierto la puerta y me quedé confundido, que podía hacer mi hijo allí, encendió la luz y noté que aún era noche.

— Papito son las cuatro de la mañana, es hora de colocarte la inyección para la trombosis.

— ! ha   ya! no te preocupes, pasa - le dije.

— Ahora te toca en el lado izquierdo, a si va a ser, una vez
en el lado derecho y la otra en el izquierdo – me habló
Matías.

Colocó la inyección como la primera vez, sin dolor, sin
ningún problema y    se fue para su cuarto,  yo me acomodé y
continué durmiendo   para no despertar a Emili  la cual dormía
en sentido contrario, por más que quería dormir no podía,  me
puse a pensar  en cómo me contagié, hasta que  fue aclarando el
día, tenía la sospecha y estaba casi convencido que fue en el
ascensor al respirar  el aire, el aerosol  contenía el virus que el
hombre expulsó durante  el tiempo  que  permaneció   allí, esa
persona  estaba enferma.

Esa mañana a las seis, estábamos los tres sentados en los
sillones de la sala, Matías de pronto se alteró,  el tomar la
presión,   el preocuparse por  la saturación y el cuidarnos era
demasiado, repentinamente se  emocionó, fue un instante en que
se encontraba  al frente mío, lo miraba   y empezó a llorar, las
lágrimas le salían en forma abundante,  su voz estaba quebrada,
me emocioné,   me asusté, me pedía que me cuide , que hay
gente preocupada por mi salud y que nos ha ayudado, Penélope y
Mary  nos habían ayudado económicamente, pensé  mil cosas en
esos  instantes  mis  hijas,  Penélope  y  Mary,  ellas  están
preocupadas por nosotros,  Dios mío tengo que cuidarme, tengo
que vencer al virus, a la enfermedad, -me dije.

A las ocho  Matías salió  a la calle para comprar  eucalipto y miel de abeja,  en ese  rato pasé por su cuarto, vi que los vidrios de la ventana estaban totalmente mojados,  con  gotas  que parecían como si se hubiese regado los vidrios, ese cuarto pequeño  era así, con la humedad al máximo y el espacio pequeño el aire  se viciaba pronto, sentí mucha  pena por mi hijo amado, de otra parte en la sala que pintamos tan solo dos semanas antes  aparecieron  manchas negras  en las paredes y en el techo , eran hongos y moho,  pero  nadie podía  limpiar en estos momentos, lo que si podíamos hacer era limpiar los pisos con lejía, limpiar  los muebles,  cambiar las sábanas constantemente, me gustaba tener  ventiladas las habitaciones, abría las ventanas  pero no tanto a Matías y a Emili que las cerraban siempre que podían.

Esa mañana  en un momento  fui al baño porque sentía molestias en la respiración, fui a sonarme la nariz, en forma normal  me pasé la mano por la fosa derecha y noté un poquito de sangraza en mi mano, me asusté un poco, pensé que si me sonaba así bruscamente me podía producir una hemorragia y eso sería fatal, complicaría aún  más el  ambiente que vivíamos en casa y prometí ser  más cuidadoso conmigo mismo,  me eché un poquito de mentolato en cada fosa y eso me ayudó mucho a respirar bien, pensé  en ayudar al tratamiento médico, no coger agua fría,  tomar mate de eucalipto.

Mi hermano Roberto me llamó el día anterior y me dio aliento, ese día volvió a llamar y era muy importante para mí, me contó:
— Acá  en Nueva York, los hospitales están llenos,    los médicos están ya cansados de tanto atender, de tanto trabajo.

Me comentó que el personal médico ya no atendía bien y que    estaban dejando morir a los pacientes por la Covid 19, y por lo tanto me cuide mucho con la finalidad que no vaya al hospital porque allí quitan los celulares, cortan la comunicación y quedan incomunicados.

— Por mala suerte te puedes enfermar mucho más, en serio y ya es difícil salir.

Mi hermana Vicky y mi cuñada Ely también llamaron, esas conversaciones  hacen que uno sea consciente de la realidad, que uno no se acobarde y se aísle, de otra parte, dejé de lado el celular, no quería leer nada, prefería descansar, solo atendía las llamadas de la familia y de nadie más.

Por la tarde  hice mis apuntes en mi sección "La Sospecha" de las estadísticas del Covid  el día 14 eran 733 860 positivos y 30812 fallecidos, el 15 eran  738020 contagiados  y 30827 muertos, luego  ya nos acostamos, pero en ese momento Emili se quejaba  que estaba incómoda de dormir así expuesta al aire y  de cabeza,  todo por mi culpa, me hizo sentir mal y acomodé su sitio en lo que pude, en la noche se sufría  problemas de cambio de temperatura brusca,  a ratos hacía frio y  otros ratos sentía calor, lo que hacía que me despertara e incomodaba a Emili, eran tiempos muy difíciles para los tres.

# Domingo 20

Día domingo 20, amanecí casi bien, a las 5.20 de la mañana me desperté, estaba sudando, me cambié de ropa y me sequé el sudor a pesar de ello me sentía bien, al rato todos nos encontrábamos en la sala, Matías dijo que estaba mal que durmiéramos así, es decir en la misma cama pero en forma incómoda, entonces acordamos que a partir de esa noche, Matías dormiría en los sillones de la sala, Emili dormiría en el cuarto pequeño y yo me quedaba en el dormitorio grande, luego de conversar un rato tomamos desayuno, Emili se fue a su nueva cama, Matías nos habló de la posibilidad de comprar un colchón inflable y luego salió a la botica a comprar medicamentos, asimismo conversamos que Matías, se estaba agotando, se sacrificaba demasiado y podía agravarse, la situación estaba mal.

Fui a echarme a mi cama, estaba en forma transversal, era incómoda había un desnivel entre el nivel de la tarima con el mueble, me dormí un rato y desperté sudando, tenía fiebre, estaba sofocado me faltaba el aire, pedí que abrieran las ventanas, me tomé la saturación estaba en 94, se preocuparon ya que normalmente yo tenía 96, estuvimos así media hora, las ventanas estaban a medio abrir, llamaron a Penélope y se preocupó también, hasta ese momento fueron las situaciones más terribles que se presentaron, mi tos seguía más constante, era incontenible, tenía miedo de toser y alarmar, sabía que Matías era muy nervioso y no lo quería asustar, después de un rato volví a la normalidad, ya más sereno mi saturación subía de 95 a 96, me tomaron como diez veces para estar seguros, yo me sentía bien, entonces fui a mi dormitorio y reorienté la cama en forma normal, eran las doce del día, en eso llamó mi hermano Roberto de Nueva York , me ayudó con su aliento, también me llamaron mis hermanos de Arequipa Vicky y Celso el cual creía que no tenía Covid 19.

A la una de la tarde observé a Matías totalmente agotado, Emili estaba muy nerviosa, Matías tenía 92 de saturación , luego subió a 94 hasta llegar a 97 en horas de la tarde, Penélope me preguntó cómo me sentía, le dije que me encontraba bien, sin embargo insistían si estaba seguro, porque podían llevarme al hospital, Samuel me llamó también, me explicó de un nuevo examen si era urgente estaba el laboratorio Roe que atendía también los domingos, advirtió que la policía estaba en la esquina de las avenidas Javier Prado y Brasil, dijo que si salíamos la multa era de 1 500 soles que era mejor tomar un taxi.

Yo no quería ir, era alarmar más a Matías, que estaba totalmente exhausto, las cosas estaban ahí, a ratos calmos y a ratos alterados, era la una y almorzamos, momentos después tomamos mate preparado por Emili era de matico y me molesté bastante, al rato trajeron el colchón y lo inflamos con mucho esfuerzo, después me retiré a mi cuarto que estaba al fondo del departamento ahí en la tarde no entraba el sol, solo entraba en las mañanas en los raros días que el sol asomaba unos minutos, en un cuaderno anotaba cada día las ocurrencias vividas y me puse a anotar lo que escribo.

Ojalá estos malos momentos no se repitan nunca más, rezaré pediré al Señor me conserve bien de salud y también a Emili y a Matías, a Penélope a Samuel y a Thiaguito, al rato fui al baño y otra vez hice una fuerte diarrea, pensé que era bueno , una forma de desfogar el virus, sería por los líquidos abundantes que tomamos, la tarde pasó tranquila y llegó la noche del domingo 20 de setiembre, siempre pensé que los domingos eran días trágicos para los enfermos, tuve experiencia en mi adorada madre y en mi hermana Elena.

Eran las ocho de la noche y nos despedimos, cada uno se iba a su cama a descansar, no vi televisión, cogí el cuaderno y anoté: Siento que mi garganta es como un castillo de vidrio delgadito viene un viento y se derrumba, estalla en tos y con esta se rompe como hielo, tengo miedo de toser, que me sangren los pulmones, que Emili y Matías se asusten, se preocupen por mí, sufran por mi culpa, una respiración fuerte, una tos mínima, un esfuerzo mínimo puede llevarme a la muerte y a ellos a un sufrimiento injusto, debo cuidarme más que nunca, lo que siento es como si estuviera sobre un hielo de un río que si camino duro soy brusco lo romperé y caeré al torrente, al río de la muerte, en este invierno y de noche no tendré salvación.

Debo cuidarme por ellos y por mí, debo permanecer tranquilo, hoy es el día crucial el más importante, que pronto ya estoy por acá, duodécimo día, esta noche de domingo y quizás la de mañana, sean las peores, después esto de la Covid 19 será solo una experiencia y ya no una amenaza, ojalá mañana amanezca bien, le pido a Dios su protección para esta noche para mí, para Emili y Matías para Penélope Samuel y Thiaguito. Soy consciente que si toso no dormirán, no puedo respirar hondo porque me provoca estallar en tos, eso dañará más a mis pulmones, corro el riesgo de provocarme una asfixia y que estalle mi corazón y moriré, no debo hacer el mínimo esfuerzo físico, pero si el máximo mental.

Esa noche no podía echarme en la cama, sentía que me asfixiaba, aún recordaba la recomendación de Penélope, de mi


Rodolfo Velazco Cervantes

prima enfermera Brenda, de mi hermana Vicki y la insistente voz de Emili y Matías: ¡échate boca abajo!  para saturar mejor, el cansancio era infinito, el dolor del cuerpo también, no podía echarme, si lo hacía era solo por pocos minutos, el cambio de temperatura en mi cuerpo era constante, calor, sudor, frio, era horrible, por fin decidí levantarme, acerqué el sillón de mi hijo hacia mi cama y allí me senté un buen rato y continué escribiendo: ya sé que ésta enfermedad es mortal, si toso muero porque no parará, me asfixiaré tosiendo  ¡no quiero  morir!.

En ese rato   recibí un mensaje por whats app, era de una compañera de mi trabajo indicaba  que  otro compañero había ingresado esa noche  a la unidad de cuidados intensivos en  un hospital de Arequipa en estado crítico,  entonces  me  preocupé un tanto,  le pedí a Dios  con toda mi alma  me cuide esa noche y también le pedí por mi amigo y continué escribiendo: Debo controlarme,  no importa dormir,  que los demás duerman, que se recuperen,  que estén fuertes para resistir,  para aguantar a lo que les va a venir,  ellos  están  con cuatro y cinco días de retraso respecto a mí,  al estar acá sentado me alivia el  destruirme el pecho,  va apareciendo  un gran dolor de cintura y espalda es insoportable, no puedo echarme  por el cristal que tengo  como pecho,  creo que necesito  más azitromicina.

Quise echarme  y me vino un ataque muy fuerte de tos que me rasgó el pecho, sentí que iba a estallar en un millón de trocitos de hielo, esa nube invadiría toda mi garganta, impediría que tome aire y los pulmones estallarían junto al corazón, trataba que el corazón no  se altere,  ni me movía, al menos sentado  aunque  no descanse, ahora entiendo por qué esta enfermedad mata a los ancianos y a otros que están débiles, realmente a uno lo hace tiras, no puedo respirar hondo porque me viene la tos, ésta es la peor noche de mi vida.

Ya eran más de las doce de la noche, mi temperatura  se había  normalizado, el dolor de cintura y espalda eran muy fuertes,  y me eché en la cama Boca Abajo,  quería toser pero el peso de mi espalda impedían  que tosiera, en esa posición, logré mejorar algo mi respiración y parece que  me dormí un rato, nuevamente desperté sudando abundantemente, esta vez vinieron a mi cuarto  Matías y Emili, me preguntaron como estaba, les dije que más o  menos que no podía dormir, tenía sed, Matías  me preguntó si deseaba mate de eucalipto le dije que sí, entonces fue  a la cocina y al rato me trajo una jarrita  de mate, me sirvió  tres vasos, sentía una sed infinita y  que mi cuerpo necesitaba  de ese mate para mi salvación, todo mi cuerpo quería mate y le agradecí infinitamente a mi hijo,  ¡Dios te bendiga para siempre! -le dije.

— Si quieres me quedo esta noche acá para atenderte - me dijo Matías.

— No, no es necesario ya me siento mejor - hablé en voz muy baja. -no tenía aire para hablar.

Emili, permanecía de pie callada observándonos.

— Siéntate mamá en el sillón – dijo Matías.

Yo estaba sentado en el borde de la cama, tomaba el último vaso de mate, terminé y Emili se llevó la jarrita y el vaso, traté de echarme en la cama y pude permanecer más rato   sin toser, entonces le dije a Matías que se vaya a descansar y se fue para la sala a dormir en el colchón inflable, apagué la luz y así pude


Rodolfo Velazco Cervantes

permanecer sentado un rato ya más calmado, nuevamente recé al Señor me protegiera, le prometí escribir en su nombre   y así lo hago.

Unos minutos después ya más relajado me eché a descansar, luego de un rato sentía  como si alguien permaneciera en el sillón, pero yo estaba echado en mi cama  boca  abajo,  me sentía cómodo,  los ataques de  tos se habían ido, pensé que era Matías que aún estaba allí, quise decirle que  se vaya ya a dormir y recordé  que  hacía buen rato que se fue,   recé en silencio, pensé que era el Señor o un ángel quien estaba ahí  en el sillón cuidándome  y me dormí,   como a las   cinco de la mañana desperté,  vi el sillón y no había nadie,  al ratito sentí el celular alguien  me envió un mensaje al whats app, era  del trabajo, comunicaban  que  el  compañero  Raúl   había  fallecido  esa madrugada a las  tres, me conmoví,  sentí como que   Dios me había protegido, todavía no quería que yo muriera,  le agradecí  y recé  mucho rato.

Lunes 21, " amanecí vivo"  -escribí- sentía en mi pecho esa sensación de tos,  pero un poco menos que lo de anoche, " si anoche fue como 20 ahora bajó a 18  o 17" pensé que aún la tos era muy peligrosa  que debía seguir cuidándome, no hablar, no esforzarme , cuidarme si me sentía bien, pensaba en mi amigo, tantas  aventuras  que  pasamos  juntos,  tantos  años   de compañerismo y ahora ya no estaba  en este mundo,  yo aún estaba dolido, " pude haber muerto anoche en esta madrugada, debo cuidarme  dos días más".

Ese día, con Emili estábamos en el comedor charlando



La Sospecha mi experiencia con Covid - 19

— Anoche he podido morir, ha sido la peor de toda mi vida, creo que el mate que me dio Matías me ayudó, ¿podrías preparar ahora?

— Sabes que yo también estoy mal, me haces levantar, todos estamos cansados, además ese eucalipto ya está malogrado con hongos  - dijo Emili.

Fui para la cocina y observé que la rama de eucalipto estaba tirada en el suelo,  sentí mucha cólera como despreciaba lo que yo ansiaba, Matías  seguramente en la noche  cansado no la colocó en su lugar, yo me sentía  mal  y no insistí y solo la puse en la lavandería, miré la olla  de mate todo era matico y una sola hoja de eucalipto, fui para la sala y   vi a Matías  en su colchón inflable, no estaba bien,  ese colchón no era cómodo  y se doblaba y se deformaba   al moverse él, eso no le  ayudaba  a que su saturación mejore, estaba saturando 91,   el panorama en casa no andaba bien,  era preocupante, estábamos llegando a un punto en que todos íbamos a estallar  o a quebrarnos,  algo malo podría suceder.

Aun así  mi hijo seguía haciendo esfuerzo,  salió a comprar, iba con doble protección para no contagiar a nadie,   yo pensaba en cuantas personas están así positivas, así en mal estado de salud  y  salen a las calles  a  trabajar a comprar con el riesgo de agravarse  y  de contagiar  a otras personas, pensé en la falta de rastreadores  y de   apoyo de  las instituciones estatales  y  si hubieran esos rastreadores  las cosas se facilitarían, si había delivery pero existían cosas que   se tenían que adquirir personalmente,   comprendí por qué el contagio  nunca se iba a detener, la cólera que  hice con Emili minutos antes  se  fue, comprendía más la vida, ella   estaba muy mal o simplemente no quería atenderme.


Rodolfo Velazco Cervantes

El día pasó casi normal, presentí que  el mal iba en aumento en Emili y Matías.

— Papito ya falta solo uno o dos días para que termines con el virus - me decía Matías esperanzado.

— Si hijito,  yo creo que  ya está pasando lo peor para mí.

Lo que me decía me daba ánimos, sabía que faltaba poco para que el virus me deje.

Esa noche,  ya en mi cuarto sentía  que la tos era muy fuerte era  un poco  inferior a la del día anterior, también sentía  el cuerpo descompuesto, la espalda me dolía muy fuerte, quería algo para calmar ese dolor inyecciones o pastillas, no podía estar sentado que me ahogaba en tos, sentía mucho frio en los pies, me puse doble medias, me masajeé los pies, sentí algo de alivio,  me tomé la temperatura estaba en  37,2  mi temperatura de siempre era 36.5  ya no podía  seguir con mis apuntes me  sentía débil  y desganado,  anoté algunos cosas y nada más. La noche transcurrió algo parecida a la del domingo, pero en menor escala, la temperatura que subía de calor y bajaba a frio, el sudor, la incomodidad, el dolor de cabeza a ratos asomaba, pero en mi mente sabía que  era menor a la del domingo, luché, por no romper en tos, traté de permanecer echado boca abajo el mayor tiempo posible  y así me dormí, desperté  en la madrugada sudando, me cambié de ropa y me eché nuevamente boca abajo no pude dormir porque despertaba frecuentemente con dolor de cabeza, llegó el amanecer y así gané otro día de vida.

Martes 22 de setiembre, este era supuestamente el último día de tener el virus en mi organismo, Matías me daba ánimo, no contesté ninguna llamada del celular, quería estar tranquilo, lo que más deseaba era mejorar, veía a Emili y a Matías como luchaban, todos estábamos unidos por conseguir el mismo objetivo, en la mañana vino una señorita del laboratorio a tomarnos otras pruebas de sangre a los tres por indicaciones de Samuel y Penélope, el día lunes no salí de mi cuarto pero hoy era martes y tuve que salir para que me atendiera la señorita del laboratorio, me dieron ganas de estar sano ya, no podía permitir tener la casa así, ver a mi Matías dormir allí, era una guerra la que estábamos librando, pensaba en mi esposa que a pesar de su incomprensión, tenía que estar con ella y puse buen ánimo para mejorar el ambiente, los resultados del análisis se los enviaron a Penélope y a Samuel. (no me enteré de dichos resultados).

Esa noche fue la última de mis pesadillas, la similitud de las otras dos noches era casi igual, pero en menor escala, sentí dolor de cabeza que me hacía a veces perder la ubicación y la concentración, no quería alardear y asustar, en la mesa de la sala había un montón de pastillas que Matías disponía a cada uno, el ambiente no era nada bueno, yo trataba de ya no molestar a nadie y prefería no salir del cuarto, pero me dolía no conversar, no saber de ellos, también el cambio de temperaturas era muy fastidioso y pensé no abrigarme demasiado, la tos iba disminuyendo, me acabé el jarabe de la tos, pero tenía uno nuevo, esa noche como todas las noches recé pidiendo protección a Dios, algo dentro de mi ser me decía que el peligro se estaba alejando.

El amanecer del miércoles 23, desperté alterado, empezamos con la toma de presión arterial, saturación temperatura, al



Rodolfo Velazco Cervantes

parecer algo habían conversado Penélope con Emili y con Matías que yo no conocía, tomamos el desayuno en silencio, el oxímetro marcaba 93 y 92 de frecuencia cardiaca, 38.2 de temperatura.

Matías envió un mensaje a Penélope y a Samuel, indicándoles que yo me encontraba un poco mal, al parecer hablaron que tenía que ir al hospital, Penélope le dijo que tenía que llevarme con las medicinas que estaba tomando.

Penélope le indicó a Matías que sería mejor llevarme al hospital porque el momento era propicio, no había mucha gente, existían camas UCI disponibles, que llevara una manta para el frío y viento que corre en ese lugar mientras me evaluarían y que demoraban horas en hacerlo, Matías preguntó si siempre sería necesario ir al hospital, Penélope dijo que sí, que era lo mejor en estos momentos.

— Papito, sabes, he conversado con Penélope, ella indica que   sería bueno que vayas al hospital, porque ahora no hay mucha gente además allá te pueden controlar mejor, ayer u hoy ya has completado los 14 o 15 días, es solo para que   te den mejor cuidado.

— Está bien, -le contesté- vamos de una vez ahora temprano.

# Mis días en el Hospital

Me despedí de Emili con un abrazo, quizás el último  o uno más   de la vida, en el ascensor  y en el taxi  iba callado, sin hablar con Matías, pensando en   los otros pacientes que  decían que en el hospital   les retenían los documentos, los celulares y todo cuanto llevaban, yo no sabía si me quedaría o regresaría con Matías, en los casos graves,  esos positivos mayormente morían en los hospitales, los familiares nunca más volvían  a verlos, a muchos los cremaban y solo les devolvían las cenizas,  quizás por la mente de Matías sucedía lo mismo,   llegamos al hospital Rebagliati  preguntamos  por donde  debíamos ir y  por fin nos ubicamos, era una puerta nueva  por  donde ingresaban   los pacientes  de Covid 19,  me pidieron la documentación y Matías se la entregó a una señorita que nos hizo pasar  a una banca al aire libre,  ella ingresó a una caseta y colocó los datos en una computadora, llamó  al guardián  para  que  constatara  que  no llevaba   ningún  celular  ni  medicinas  ni  documentación,  me indicó  donde debía ir, a Matías lo detuvieron  diciéndole que no podía pasar,  miré a mi hijo querido, dándole e inspirándole   en mi mirada confianza que sí iba a regresar, él me tenía que volver a ver y yo a él,  fue un momento  triste era un momento más  de tantos importantes que llevamos en nuestra vida.

—    Campeón, si me demoro te vas, no te preocupes por mí, yo voy a estar bien, por favor ahora cuídate mucho y cuida a tu mamá.

—    Si papito, te esperaré, corre   para ver qué te dicen.

Nos despedimos con un abrazo y así    me alejé de él, lo miré y sabia dentro de mí   que por supuesto tenía que regresar.



Rodolfo Velazco Cervantes

Caminé por una rampa que iba en subida al pabellón CELIM, un lugar nuevo donde  estaban las camas UCI y la gente más especializada en el país en la nueva enfermedad.

Un guardián  envuelto en un traje  azul, me detuvo, luego de tomarme algunos datos me hizo pasar a un ambiente muy grande y espacioso,  donde solo había dos personas más,  un escaparate de atención  donde no había ninguna  persona para atender,  me senté  en una de las bancas y me puse a esperar hasta que me llamen,  empecé a leer los letreros que aparecían en los vidrios de aquel escaparate   y   al rato me levanté del asiento y fui a  leer los letreros  que estaban  pegados más lejos  en algunas paredes de aquel ambiente de unos 20 por 30  metros, luego de un rato regresé a mi banca  y de pronto  vino un doctor, con su vestimenta especial, me preguntó cómo  me sentía, que tenía, desde cuando estaba con Covid  y le conté   lo de  la prueba molecular del laboratorio, lo síntomas  y otras cosas,  a pesar de las mascarillas  se escuchaban bien nuestras voces,  me condujo  a su  consultorio   que estaba muy cerca al gran salón, me  dijo que  quería sacarme sangre de  alguna arteria,  que era para  analizar y evaluar el oxígeno que  estaban en las arterias, me cogía las manos, al parecer la indumentaria que llevaba puesta impedía   mejores maniobras, me decía: "encontrar las arterias es muy difícil",  luego de un rato por fin dijo: "acá  en esta mano  ya  he encontrado una"   con unas agujas y otro instrumentos procedió a ello, yo miraba para otra parte para no ponerme nervioso,   luego de un rato me mostró  un tubo, había sangre color rojo añil, me dijo: "ésta es sangre arterial" la miré y no era de  color rojo, era rojiza o púrpura, clarita  era hermosa, luego  me dijo: " tiene usted que esperar a que lo llamen" y  salí de  aquella habitación.

Al rato vino otro personal  me hicieron sentar en una silla de ruedas y   me condujeron a otro lugar, era el tomógrafo, allí ingresé a dicho aparato,   me hicieron  aspirar el aire y luego botarlo varias veces, en esta oportunidad pude aspirar y botar el aire con menos dificultad,  acabando la sesión   salí del lugar y nuevamente  me llevaron al gran salón, a esa hora  solo llegaron dos personas más, en ese rato pensé en Matías,  desde que nos separamos  habían transcurrido casi dos horas,  entonces salí a verlo,  le hablé al guardián y  me dejó salir,  llegué al lugar donde nos despedimos, vi la pérgola donde estuve con Matías temprano, ya no estaba, pregunté  al guardián de la puerta  y no sabía darme razón,  la señorita  que allí atendía me dijo que ya se había ido,   regresé al salón pensando en mi hijo, tal vez se fue triste y  preocupado, no teníamos comunicación,  en muchos casos los familiares los dejaron allí  y nunca más  pudieron volver a ver  a sus parientes vivos,  la comunicación a partir de ese  momento   solo  era  telefónica  entre  los  médicos  y  los familiares,  pensé en Samuel,  él era médico del hospital,  sabía que él y Penélope  harían lo imposible  por saber de mí  y eso me daba confianza.

Ya en el salón esperé como dos horas más,  se veía poco personal,  y la única persona conocida era el primer doctor  que me sacó la sangre,  fui a su consultorio  pero  no había nadie, no pregunté ni su nombre,  fui al otro ambiente lejos del salón al tomógrafo para  saber algo , me dijeron que  esperara que el doctor que me atendió  me tenía que decir las indicaciones que esperara  nomas. Serían como las dos de la tarde, cuando por fin el doctor  apareció  por  uno  de  los  pasillos,  le  pregunté  qué resultados tenía  y que  iba a suceder después,  me dijo que  no me preocupara que   la sangre la había llevado al laboratorio que felizmente el oxígeno estaba llegando bien que tenía buena cantidad y que habían decidido  que me quedara en el hospital unos tres días para  tratarme  la neumonía  y hacerme  otros exámenes, le agradecí, me alegré de escuchar lo que me dijo, sabía que  allí me recuperaría mejor.

Ahora espera usted un rato más, -dijo el doctor-  le estamos buscando una cama   en el pabellón de  Covid 19 en el tercer piso del hospital  acá están solo los pacientes que están muy graves con  respiradores mecánicos.

Me indicaron que fuera a otro ambiente a la estación de enfermería,  para  tomarme la presión y la temperatura, donde me inyectaron suero  y  otros medicamentos  permanecí en dicho lugar un buen rato sentado en una silla de ruedas, me condujeron a otra sala y me dijeron que allí esperara hasta  la hora  que me llevarían a una cama del hospital, en ese momento  vi a personal técnico  que  llevaban camillas   a algún lugar con dos cuerpos de fallecidos esa mañana, estaban envueltos en  plástica negra, recordé las imágenes de la televisión  cuando depositaban los cuerpos de muertos en camiones frigoríficos,  de pronto lejos de asustarme  me conmoví, sentí pena por los deudos,  todo aquello que estaba viendo me parecía familiar,   me sentía confiado de mí mismo, sabía que estar allí  no me contagiaría más, confiaba en el periodo  de 14 días   que  decía la ciencia, ya  se había cumplido, me sentía fuera de peligro porque supuestamente estaba ya en el día 16 del contagio.

A eso de las tres de la tarde, me llevaron a la cama del pabellón Covid 19, a la habitación 237,   al rato   llegó una enfermera, la cual me inspiró mucha confianza con su hablar suave y sereno, me dijo que me inyectaría suero y antibióticos para mejorar mi neumonía, me inyectó en forma intravenosa y me quedé quieto hasta las cinco y media de la tarde, hora en que me trajeron la cena.

Esa noche del miércoles 23, día de la primavera, me sentía exhausto súper cansado y agotado, después de tres noches infernales al parecer al fin tendría algo de paz, la habitación tenía el techo muy alto, calculo unos tres metros y medio de altura, había grandes ventanales que dejaban ver el patio del hospital y más allá la calle, los vehículos y las luces amarillas y rojas, también observaba las luces de letreros de comercios del lugar, las ventanas de la parte superior estaban algo abiertas por donde entraba el viento constantemente, pensaba en que ese viento tal vez me podría resfriar, pero se sentía aire fresco, no le di mucha importancia, mi cansancio era extremo, me dormí, a eso de las dos de la mañana vino una enfermera a cambiarme el suero, me encontraba muy cansado y continué durmiendo aquella noche de primavera, creo que no soñé, ni tuve pesadillas desperté mejor, liberado.

El jueves 24 durante las primeras horas, a eso de las seis vino una enfermera a tomarme la temperatura y la saturación anotando en su libreta, yo estaba tranquilo y liberado, a eso de las diez de la mañana apareció Samuel, estaba vestido con su coraza Covid, me sonreí, me trajo ropa de dormir, mi cepillo de dientes y un polo, conversamos un momento.

—Señor Manuel -me preguntó- ¿cuánto está saturando?
— 93, - le contesté.
— Está un poco bajo, pero ¿cómo se siente señor Manuel?



Rodolfo Velazco Cervantes

Le comenté que me sentía bien, que estaba tranquilo  y esperaba recuperarme bien, me dijo que dentro de las cosas me traía  un celular para comunicarme con Emili y con todos  y además me trajo un oxímetro para que yo mismo  me tome la saturación y me controle, le agradecí mucho, le pregunté cómo iban en casa,  me dijo que   ahí estaban en estado  regular que no me preocupe,  prometió regresar el sábado con otras cosas que yo necesitara y le agradecí otra vez  lo que estaba haciendo por nosotros y por mí.

En ese momento me sentía bien, mi cuerpo lo sentía  sano, limpio, sería por  la destroza y el suero que me inyectaron   el día anterior, luego  de un rato a las doce y media    trajeron el almuerzo, otra vez  pollo con quinua  y un poco de ensalada de frutas y una botella de agua de mesa  de cuarto de litro,  en la tarde me colocaron  otras vez suero y antibióticos, a eso de las cuatro   vinieron unos doctores con  un aparato móvil, para sacarme radiografías de los  pulmones,  luego unas enfermeras me sacaron muestras de sangre y  a las cinco y media trajeron la cena,  por la noche  luego del turno de la tarde   venía la enfermera  me desconectaba  las mangueritas de la mano y me dejaba descansar unas dos horas,  regresaba a las nueve  o a las diez  y también a las dos de la mañana.

Esa noche   no la pasé también como la del miércoles, un paciente que estaba al lado de mi habitación empezó a delirar a eso de las nueve de la noche, gritaba, algunas veces decía: "no se involucre señorita, yo soy de las fuerzas armadas, se lo que están haciendo acá, no se comprometa por favor, llamen a mi esposa" y gritaba y gritaba alteraba la tranquilidad que pudiera existir en el pabellón.

Durante el día se sentía   como transitaba el personal con sus carretas  de un lugar para otro, el ruido fuerte al pasar por la puerta de mi habitación y luego el ruido se iba perdiendo a manera que se alejaban lo que me hacía imaginar que me encontraba en un pasaje muy largo, sentía inquietud por  conocer lo que existía afuera de mi habitación, por la mañana transitaron a toda hora  llevando ropa   de cama y ropa de vestir, había brigadas de limpieza para las habitaciones y los baños,  otras brigadas  para cambiar la ropa de cama,  las enfermeras también transportaban en sus carretas las inyecciones, los sueros y todo su equipo asistencial, las técnicas que traían y llevaban los alimentos en la hora del desayuno, almuerzo y comida, a veces veía pasar   a algunos pacientes que les daban de alta o  a otros que se empeoraban  y eran trasladados a  Emergencia Covid.

La noche del jueves, fue tormentosa para mí, tenía pesadillas y tal vez fiebre, sentía que otra vez el virus me invadía, me quitaba la respiración y me ponía muy mal, mi única salvación era acomodarme boca abajo, de esta manera me olvidaba de lo que pasaba afuera de la habitación, solo me concentraba en que tenía que mejorar, la tos todavía seguía insistente, pero en menor grado.

A  eso  de  las  siete   envié  algunos  mensajes  a  Emili,  a Penélope y a Matías,  de cómo me encontraba,  ellos me decían que estaban  bien que no me preocupara, *"tal vez  Matías ya no duerme en ese incómodo colchón inflable,  tal vez  su sacrificio y esfuerzo  ahora sea menor, ojalá  ellos estén bien,  ojalá no me mientan"* - pensaba- pero yo como persona responsable es mi deber  el cuidarme y tratar de recuperarme,  sentía miedo  que cuando vengan las enfermeras (porque venían  en  cualquier


Rodolfo Velazco Cervantes

momento en la noche)  me tomen la saturación y ésta sea baja, temía porque me pongan oxígeno y  me lleven a la UCI;  sabía que allí algunas veces uno empeora,   las mangueras del respirador pueden dañar la garganta, para qué llegar a ese extremo  si solo vine por unos días, de mi dependía  que algún día me den de alta y pueda ver a mi familia querida, finalmente enviaba mensajes  por whats app a mis hermanos Roberto y luego a Vicki  indicándoles  que estaba bien, pero que no podía hablar, porque  si se daban cuenta me requisaban el aparato y era peor el estar totalmente incomunicados.

Ya más tarde,  a eso de las diez de la noche,  pensaba en el posible frio que entraría por los ventanales,   temía que  mis pulmones   se expusieran mucho al frío y mi neumonía  se agravara, por lo que  solicité dos frazadas y me protegí con ellas, pero esa noche desperté sudando a eso de las cuatro de la mañana, estaba completamente mojado, aparte del sudor que  era horrible,  mi cabeza aún no estaba   despejada, tenía muchas cosas en mente, felizmente a esa hora una   señora técnica  que pasó por la puerta me vio despierto e ingresó,   me dijo, si me podía ayudar en algo.

— Si por favor, ayúdeme a retirar éstas dos frazadas y
   póngalas encima del sillón.

La señora así lo hizo y le agradecí.

— Ahora si fuera tan amable, sabe, estoy sudando horrible,
   por favor donde  puedo conseguir papel para secarme el
   sudor.

— Yo le traigo en este momento   - expresó - y  salió de la 
habitación a los pocos segundos regresó con abundante 
papel y me lo alcanzó.

Empecé a secarme el abundante sudor

— Bien, ahora recuéstese de nuevo y yo le acomodaré la 
cama, - me dijo- y así lo   hizo.

Después ya más refrescado y aliviado, me dormí otro buen 
tiempo, esa mañana del viernes, recordaba   la noche, un sueño 
bien marcado, pero no recordaba nada.

El viernes 25 de setiembre, luego del desayuno vino la visita 
de un médico, con actitud más amigable que otros médicos que 
me vieron en días   anteriores y por eso conversamos un buen 
rato.

— Siéntate -me dijo señalando el sillón de lado de la cama.

Se sentó en una silla enfrente mío, me hizo preguntas, le 
contesté.

— Mira    tú estás ahora en recuperación, -prosiguió 
hablando- lo que vas a necesitar es   mejorar tu sistema 
respiratorio, te he traído este aparato es bueno para que 
ejercites, vas a respirar lentamente y tratar de retener el 
aire   un segundo o tres, los   que puedas y luego lo 
exhalas, así vas a hacer diez veces,  en la mañana y otras 
diez veces en la tarde, esto  durante dos días, al tercer día, 
estando así sentado, vas a tomar aire pero lo vas a llevar 
hasta el estómago   y luego con mucha fuerza casi 
soplando lo vas a botar.

— Después a la próxima semana -continuó hablando el doctor- vas a elevar esta pelotita soplando y la vas a mantener en el aire por unos segundos, así como yo lo hago.

— Voy a practicar - le dije.

— ¿Quieres que te den de alta? –me preguntó.

— Si doctor, -le respondí.

— Mira vas a tener que recuperarte estos días, la próxima semana te daré de alta".

Nos despedimos amigablemente, después que se fue, intenté practicar soplando  en el aparatito pero no podía,  seguía muy mal,  me resigné a quedarme en el hospital muchos días hasta que mejore,  permanecí un buen rato sentado en el sillón  miraba el patio del hospital  por la gran ventana de la habitación, cogía el celular para enviar mensajes  a Matías y a Penélope, me controlaba  la saturación,  estaba baja  y me eché boca abajo y luego de un buen rato  subió a casi la normalidad 95 y 96.

El día pasó   normal en la rutina del hospital,   los limpiadores, los cambiadores de cama,  las visitas médicas,  el almuerzo,  las inyecciones y toma de medicamentos, la tos   iba disminuyendo, en la tarde  otra vez vinieron  los señores del aparato con rayos x para sacarme radiografías de los pulmones  y minutos después la señorita enfermera para sacarme muestras de sangre, ahora llegaba otra vez la noche, en el turno de las siete vino una enfermera al comienzo estuvo dinámica y comunicativa.

— Buenas noches - me saludó- soy la licenciada María Gallardo y tengo a cargo un equipo para trabajar a su servicio, -me hablaba- esperamos que todo camine bien, durante mi turno.

— Tanto gusto licenciada – le contesté- espero que todo salga bien, es bueno poner voluntad y actitud positiva para mejorar y salir de toda esta situación.

Eran las ocho de la noche y le pregunté a qué hora volvería para cerrarme la llave de la inyección, me dijo que volvería en 30 minutos, me sentía cansado y deseaba dormir, pero preferí permanecer despierto hasta que me cierren la llave, temía que al no cerrarla me pasaría aire a las venas y podría sucederme algo en el corazón, también en esa situación no podía echarme boca abajo para descansar.

La licenciada regresó como a las dos de la mañana, yo estaba molestísimo, ya que no pude dormir, durante esas horas desesperado grité llamando a alguien para que se apersonara, el líquido se acababa en las botellas, en medio de la penumbra, no sabía cómo cerrar las llaves de la inyección puestas en mi mano, parecía que se habían olvidado completamente de ese sector, no sé si por mis gritos vino una técnica, o fue por casualidad lo cierto es que le llamé la atención, le hablé que me quejaría a sus superiores y le pregunté ¿por qué me dijo que iba a regresar en 30 minutos? mejor me hubiera dormido o me hubiera cerrado la llave temprano, la técnica me pidió disculpas y me cerró la llave, retiró las mangueritas y mi mano quedó libre.



Rodolfo Velazco Cervantes

La cólera se fue  y al rato me dormí, al despertar en la madrugada   estaba seguro que me había soñado algo muy importante, en mi cabeza apareció como un delirio, tenía en mi mente la imagen de una mujer linda, quería recordar el sueño y no podía,  ya a las siete de  la mañana vinieron a sacarme muestra de sangre, la señorita nueva me comentó que todo se le había complicado a la licenciada  del turno de la noche, ya que un paciente murió,  a otro lo tuvieron que llevar a la sala de UCI y que actualmente la licenciada estaba allí,  pensé si  esa enfermera vino con buenas intenciones y buen ánimo,  que pasó, sospeché que  su error fue querer terminar temprano sus funciones y eso le hizo complicar las cosas, así como le pasó conmigo  tal vez ocurrió igual con los  otros pacientes.

A pesar de no haber dormido muy bien, me sentía liberado, muy bien, radiante, cuando vino el nuevo personal a eso de las siete y media,  le dije a la técnica que por favor corriera todas las persianas,  quería que la ventana esté totalmente  despejada y así lo hizo,  unos rayos de sol  ingresaban a la habitación, mi ánimo estaba alto, no sé por qué pero me sentía diferente,  recordaba que me había soñado algo bonito, o que había sucedido,  empecé a recordar un extraño sueño,  otra vez  con una bella  chica, además pensaba que   tal vez  si  estaba bien de salud podría salir  mañana  y quizás el  domingo estaría en casa,  otra vez ver a la familia,  podría apoyar  a Emili y a Matías,  también  me enteré a media mañana  que Penélope  estaba mal,  contagiada del virus, igual que Emili y Matías y Thiaguito;  a las ocho vino una enfermera  para inyectarme,  mi  mano estaba llena de pinchazos y ya no había espacio para  pinchar más entonces  me inyectó en un lugar  muy debajo de la mano cerca de los dedos, me puso  bastante  esparadrapo.

Eran las nueve de la mañana cuando apareció Samuel,  me trajo ropa  interior, pañuelos,  polos  y un cuaderno para anotar las cosas que  quisiera escribir,  conversamos unos minutos,   y se alegró por mí,  le pregunté por  la familia,  me dijo que estaban mejorando,  que ya tendrían que salir de este pico,  que Matías  terminaba  su periodo  el lunes  y que ellos estaban ansiosos  de saber de mí, me preguntó mi saturación,  era 96,  se admiró.

— !Uff!    está muy bien   señor Manuel, -dijo Samuel- ahorita ya sube a 97 que es su saturación normal, bueno me tengo que ir ya   y usted me llama por teléfono para cualquier situación, los médicos que lo están atendiendo los conozco, por ese lado no se preocupe señor Manuel.

Minutos después se fue, abrí la bolsa que trajo y encontré un cuaderno desojado y un lapicero sin tapa, me extrañó y pensé porque el cuaderno no era nuevo, porqué envió un cuaderno usado y desojado, el lapicero sin tapa, imaginé que  Emili cogió en último momento el cuaderno, que Matías no pudo ir   a comprar días antes, ¿Por qué? *tal vez me están mintiendo, ellos están mal,* - pensé -   si se han esforzado en comprarme ropa interior y pañuelos nuevos, pero no sé porque presentía que no estaban bien como me decían y me preocupé, estaba tan bien, pero esto me trajo a otra realidad.  Al rato vino nuevamente de visita el médico amigable, conversamos, me preguntó cómo iba con los ejercicios, le dije que iba un poquito mejor.

— Si lo veo con el semblante mejor – argumentó- me tomó la saturación - ahora su saturación está mejor, pero



Rodolfo Velazco Cervantes

necesita recuperarse más, si va así es muy posible que el miércoles o jueves le demos de alta.

Le agradecí y se retiró de la habitación, me senté en el sillón mirando el patio del hospital e intenté soplar con el objeto que me dejó días atrás y no pude soplar, sentí un extraño e intenso dolor en la garganta, era imposible soplar, no tenía fuerza ni para apagar un fósforo, me extrañé y de pronto me asusté de mí mismo, reflexioné como intento salir si estoy así, no puedo salir, aún estoy muy mal, ¡Dios mío ayúdame!  Le envié un mensaje a mi hermano Roberto,  le dije que estaba en el hospital mejorando pero que me di cuenta que mi sistema respiratorio, mi  garganta mi pecho  estaban muy delicados y que  iba a quedarme una semana más  hasta que me recupere, mi hermano tan humano y tan comprensivo  me dijo:

— Esta enfermedad es fuerte  no hay que  bajar la guardia, hay que seguir cuidándose por lo menos un mes,  por ahora,  no hagas esfuerzos,  no te preocupes en salir  del hospital, además yo llamo todas las noches a la casa, converso con Matías, por ahora lo principal es  que  tú estés bien.

Estuve  un rato sentado  mirando a la gente  que ingresaba y salía del hospital,  muchos  con  cargas en las manos, serían proveedores o personas que  traían  cosas para sus familiares enfermos, el sol  era fuerte  y la gente estaba  con abrigos, con máscaras y otros hasta con  pantallas protectoras,  sentí  mucha pena por ver a la gente así,  todo por culpa del virus, por el virus no  había felicidad,  todo eso tan bonito había desaparecido  con su llegada y sentí cólera hacia el virus, no estaba bien que estemos así, cuánta gente sufriendo, ese mismo momento en mi casa estaban sufriendo por mí, por la enfermedad, por esos trastornos, por esos momentos de falta de aire, por todo el trabajo causado, el virus había detenido al mundo, gente sin trabajo y con necesidad, todos andaban asustados y preocupados, no era justo, no estaba bien, con esa cólera me propuse sanar más rápido, tomar el tónico para la tos que de vez en cuando me venía y me fastidiaba horriblemente, el doctor ya me dijo: "la tos le puede durar un mes no se preocupe por ello".

Por la tarde del sábado me encontraba tranquilamente descansando cuando de repente se escuchaba una gran bulla proveniente de algún salón cercano a la estación de enfermeras, dicha bulla duró más de una hora, se sentía como si hubiera mucha gente en algún espectáculo, se sentía muchedumbre, gentes que hablaban, música, silbidos, gritos, yo me decía tal vez sean reuniones que hacen con el personal, les dan instrucciones y también aliento para el trabajo realizado en su lucha contra la Covid 19, era sábado imaginé que esa bulla tal vez duraría hasta la noche, sin embargo la bulla calmó a eso de las seis de la tarde.

Esa noche del sábado, dejé las ventanas abiertas, no cerré las persianas, miraba parte de la ciudad, no tenía mucho sueño, a ratos me venía dolor de cabeza y sentía algo de fiebre, pero era soportable, a ratos el paciente de la habitación 238 contigua a la mía, gritaba: ¡llamen a mi esposa su celular es el número 987878799 hasta anoté un teléfono, continuaba gritando: ¡ enfermera por favor llamen a mi familia me tienen secuestrado! otros ratos clamaba: ¡un médico por favor ¡ me estoy asfixiando ¡me muero! eso me extrañaba y me preocupaba, quería que alguien lo atendiera pero no venía nadie, desde que


Rodolfo Velazco Cervantes

llegué a  mi habitación  gritaba así, en un momento me levanté
de mi cama y desde la puerta le grité fuertemente.

> — ¡Señor, por favor   esté tranquilo, échese boca abajo   y
> trate de estar sereno, el estar boca abajo le va a hacer
> bien¡

Le hablé como dos o tres veces, en  un momento  el señor  se
calló  pero a los veinte minutos otra vez  empezó a gritar,   una
enfermera vino por mi habitación le comenté  de los gritos del
señor de al lado y me dijo: " no le haga caso son delirios que
hace" es  por  la  fiebre"  y  me  quedé    callado  como
comprendiéndola, a ratos yo también temía que todo fuera una
farsa,  recordaba  a los anti pandemistas, que todo lo negaban,
que los hospitales eran una farsa,  que todo tenía una intención:
matar gente  y tuve dudas por  unos segundos, pero recobré la
calma  al pensar en Penélope, en  Samuel y en Mary, ellos era
médicos,   yo estaba allí en el hospital por   indicación de
Penélope mi hija, a Samuel yo le tenía gran confianza, imposible
que  me pongan en un lugar para  experimentar conmigo, aun así
tenía miedo.

En un momento que todo estaba en silencio, me levanté y
me asomé hasta  la puerta de la habitación,  quería conocer como
era afuera y observé   a mano izquierda a unos veinte metros
estaba la estación de enfermeras,  había un pasaje transversal,  al
otro lado un área  muy extensa de unos cuatro metros de ancho
por cincuenta de largo, pero que no lograba ver porque allí
terminaba mi visión, hacia  mi  derecha estaba el gran pasaje por
donde transitaba el personal y las carretas, se observaba las

130

puertas abiertas de las  habitaciones de los pacientes,  en la pared del   frente había puertas pero todas cerradas, eran los vestuarios del personal, ya que  en la mañana  llegaron personas  vestidas de ropa de calle  y ahí se cambiaban,  con sus trajes covid, por el gran  pasadizo, al final de este aparecía otro pasadizo en forma transversal,   no había nadie, eran las dos de la mañana, ingresé a la habitación, desde mi cama miraba el cielo, las nubes  como se ponían color rojo, pronto  amanecería  el nuevo día .

Domingo 27, a las seis de la mañana vino la enfermera que tomaba la saturación todos los días, le pregunté cuanto tenía  me dijo:  90 está un poco baja pero todavía dentro de lo normal, recordé  la casa, Matías  daba un  grito  si  alguien  tenía  esa saturación y entonces me preocupé, me eché en la cama boca abajo, ya a las ocho regresó la enfermera.

—  A ver señor voy a saturarlo si ha mejorado porque si
     sigue así vamos a tener que aplicarle oxígeno, -expresó.

Me asusté sobre manera, el corazón se agitó, justo ahora cuando suponía que ya mejoraba y   me ilusionaba con salir del hospital y volver a casa, felizmente dijo, "está en 94, está bien señor" y me alegré, pensé: debo permanecer si es posible todo el día descansando boca abajo.

También   esa mañana sentí pesado el estómago, ya el día sábado tuve dificultad de evacuar por eso no comí  el pan del desayuno,  ni  el arroz del  almuerzo, hoy domingo tampoco comería los dos panes del desayuno, estos eran   grandes y no del día,  lo que hacía que su masa sea  más pesada y  no digerible,   tomé  la avena  y la fruta cortada, le envié un mensaje urgente a Penélope    y me dijo que tomara abundante agua que era bueno para el estreñimiento.

Hoy me cambiaron las sábanas, salí por unos segundos afuera de la habitación  y  me llamaron la atención, me dijeron que no podía salir de allí, tuve que ingresar a la habitación mientras cambiaban las sábanas y aseaban el piso y el baño, mi malestar de estómago era cada vez más grande,  otra vez  le envíe un mensaje a Penélope, le consulté si  podía provocarme un vómito  con los dedos, que tenía el estómago pesado y con ganas de arrojar, no podía aguantar más,  me dijo que era peligroso provocarse con los dedos un vómito que ya había hablado por teléfono con  médicos y enfermeras para que me den  algún laxante para el estreñimiento y que me iban a dar junto con el tónico de la tos.

Me senté en el sillón, trataba de  no pensar en mi estómago, miraba por la ventana a la gente otra vez sentía lástima por ellos, desee que inmediatamente esta pesadilla terminara, se volviera a la normalidad, pero nadie sabía cuándo terminaría, también estuve consciente que mi garganta no estaba del todo bien, tenía que tener paciencia, pensé en mi familia, también ellos estaban luchando, tenía que luchar. A medio día me eché boca abajo escuché el ruido del carro que transportaban los almuerzos, no hice caso y continúe descansando.

Por la tarde  del domingo  mi estómago mejoró  algo, sentía sed, mucha sed  y no había  a quien solicitar,  a eso de las siete de la noche le  hablé  a una enfermera o era  técnica que necesitaba agua, después de  las rutinarios controles,  toma de saturación, toma de pastillas, colocación  de inyecciones en el vientre y  los antibióticos, me acosté,  a eso de las  doce de la noche  una técnica me trajo  un envase de  suero  con agua y un vaso  descartable, me dijo que no había botellas y que solo eso poseían, le agradecí; a esas horas mi boca y mi garganta estaban secas,  me echó en un vaso  agua pero  no sé por qué colocó sus dedos con guantes en el vaso, al parecer quería comprobar si realmente  había agua en el vaso ya que  no encendió la luz.

— ¡Ahí tiene usted!  - me dijo- y al momento se salió de la habitación.

Me sorprendí que colocara  sus dedos  en el vaso, por más sed que tenía  no lo tomé, - pensé- *tal vez  sus guantes estén contaminados y como voy a tomar esa agua"* me levanté y boté al  lavatorio  el agua del vaso y  luego  de enjuagarlo bien  me pude servir agua, me acosté nuevamente,  me quedé  meditando en que  no  debía obedecer a todo lo que  me dijeran,  yo también  tenía  que  imponer  mis  razones,  mis  derechos   y cuidarme,  tal vez si hubiese tomado esa agua  con los dedos de la señora me podría infectar  de otros  microbios, medité un buen rato  que mejor  sería irme  a casa,  sabía que estaba delicado pero también en casa me sabría  cuidar.

Lunes 28, empezaba una nueva semana, pensaba temprano que tal vez  el jueves o viernes  podría salir del hospital para eso tenía que mejorar, extrañaba a mi familia, ¿Cómo estarán? - me preguntaba, a ratos me entraba dudas de lo que me decían, y si ¿talvez están mal? yo debería estar con ellos,  si pudiera salir hoy, pero eso es imposible, un lunes nunca se sale, asimismo me preocupaba porque mi saturación esté bien,  por eso  permanecí echado boca abajo  la mañana hasta la hora del desayuno,  pero era aún temprano vino la enfermera me tomó la saturación y estaba en 96,  al escuchar eso y analizar  me sentí bien,  no lo podía creer,  luego trajeron el desayuno pero evité comer los dos panes, todo lo demás si, a las  nueve y media vino por primera vez una doctora,  me trató muy bien, conversamos, era también



Rodolfo Velazco Cervantes

de Arequipa,  le hablé  de mi hija Penélope que  tal vez podría ser de su edad,  me examinó  y tratamos la posibilidad de que me diera de alta.

— Vamos a ver sus controles, como han ido, he visto que su saturación está muy bien, usted ¿desde cuándo está en el hospital?  --Preguntó.

— Estoy desde el día miércoles y ahora me siento bien, le voy agradecer si es posible el darme de alta el día de hoy.

— Voy a ver toda su ficha y de acuerdo a eso veremos si le damos de alta hoy, y salió de la habitación.

Se fue  y  todo siguió igual,  las persianas  de la habitación estaban abiertas entraba mucha luz,  me agradaba  ese  ambiente, esa sensación  cuando  las cosas están calmas,  afuera  había silencio  y no me cansaba ver caminar  a la gente  por el patio externo del hospital,  lejos  a unos cien  metros estaba la calle, con  su trajín diario, gente que va y viene,  carros que se entrecruzan según el semáforo, afuera estaba  la vida  cotidiana y adentro en el hospital, un mundo diferente,  todo tan ajeno, dramas, ilusiones, esperanzas, dolor, trabajo y preocupaciones.

El personal sigue con su tarea, limpian, arreglan van de un lugar para otro, llevan ropa traen otra, los médicos hacen sus visitas a los pacientes. En ese momento que estaba pensando, ingresó a mi habitación una señorita enfermera, alta  muy atenta, me examinó la mano que estaba con vendajes ya usados varios días, me trató bien, me revisó las manos llenas de esparadrapo y pinchones por las agujas, me curó , me limpió  y enseguida  me cambió de vendaje, así me veía mejor presentable, fui atento y educado con ella,  todo  ese personal  de turno  sabía algo,  que tal vez sea ese día me daban de alta,  a eso de las doce del día me llamó Samuel, contándome  que  le  habían  informado  que tenía 96 de  saturación  y que  posiblemente me darían de alta, Samuel me preguntó  que deseaba yo, todo dependía de mí.

— Samuel, mira, si tú puedes influir para que salga hoy día del hospital sería bueno.

— Bien, señor Manuel, conozco a los doctores que lo están viendo, si usted ha saturado 96, significa que está muy bien y ya no necesita estar en el hospital, también hay otras personas que, si están mal y necesitan una cama.

Mientras me decía eso yo también pensaba que las cosas estaban muy apresuradas, pero el ánimo estaba alto, tanto en mi como en Samuel, pensé rápidamente y comparaba que tal si después no salgo y recién me dan de alta dentro de quince días, no más vale pájaro en mano, será hoy, pero en un instante pensé si  de repente me desmejoro ¿cómo me voy a sentir?  ya no podría regresar, mejor lo dejo al destino.

— Samuel, mira   yo quisiera en verdad salir hoy día para ver a la familia, pero    no presiones por favor, solo si se puede y los médicos también deciden que es mejor que salga hoy ¡hazlo!   pero no los presiones.

— Está bien señor Manuel eso lo evaluaremos y ya le comunico, sino es hoy podría ser mañana ¿está bien?

— Si Samuel y muchas gracias por todo.


Rodolfo Velazco Cervantes

A las doce y media trajeron el almuerzo, me sentía mucho mejor del estómago y una hora después, vino la doctora Elizabeth, me dijo que había decidido darme de alta el día de hoy, pero que  sería en horas de la tarde, aproximadamente a las cinco, le agradecí mucho y nos despedimos.

Después del almuerzo alisté  mis cosas,  tenía dos mochilas con  mi ropa y otros enseres, la señorita  enfermera también vino a avisarme y me informó  del protocolo de salida, me dijo que estaban tramitando  los papeles y toda la documentación pertinente  que ella me  avisaría  media hora antes de que pueda salir, también  comunicarían a mis familiares para que  alguien venga a acompañarme a salir, igualmente le agradecí mucho, me revisó por última vez mis vendajes, me quitó los broches me volvió a limpiar y me puso nuevo vendaje.

La tarde pasó rápida,  Penélope me llamó diciéndome  que vendría a recogerme a eso de las cinco porque Thiago,  tenía clases virtuales a las cuatro y  antes de caer la noche ella  estaría de todas maneras en el hospital para recogerme que no me preocupara antes,  a las cuatro vino  la licenciada nutricionista, me indicó  como debía ser mi dieta ahora que salía del hospital, le agradecí  y le alagué su rica comida que  preparaban, le observé  lo del pan  guardado  que me estriñó,  me recalcó en que comiera abundantes vegetales y frutas, eran las cinco de la tarde vino la señorita enfermera me comunicó que ya  vinieron a recogerme  y que alistara mis cosas, me adjuntó un sobre con mis  medicinas  y  el  tratamiento  a  seguir,  me  dio  las recomendaciones  que  debía  seguir,  todas  ellas  tenían  un sentimiento de compromiso  y yo de agradecimiento a  ellas y a todo el personal médico, licenciadas y demás  equipos humanos que  se esforzaban y hacían  su mayor esfuerzo por  luchar contra el virus y recuperar a sus pacientes.

Penélope estaba ya en el hospital en el tercer piso esperándome, me senté en una silla de ruedas y con la señorita enfermera y la señora técnica salí de la habitación 237, lugar de mi rehabilitación de la Covid 19. En esos minutos me sentí emocionado, pero ellas estaban más creo, se les notaba  en sus rostros que a pesar de la escafandra que se cubrían se notaba en los ojos, a lo lejos vi a mi Penélope querida, en el encuentro la enfermera y la técnica  le hablaron de mí,  me tomaron unas fotografías con unos anuncios que decían: "Soy un guerrero que venció a la Covid 19" me acercaron a mi hija y todos  nos emocionamos mucho, miré a mi hija y solo atine a decirle "hijita linda", Penélope en ese instante lloró de la emoción,  yo quería abrazarla pero  me contuve, también en ese instante  me vino un ataque de tos  que nació en mi pecho,  me controlé, no quería estropear ese instante en presencia de  la señorita  enfermera y la señora técnica, cómo iba a salir de ahí  en medio de un ataque de tos, también Penélope se alarmaría,  pasamos  la línea que separaba el interior con el exterior  del pabellón y nos despedimos de ellas.

Penélope me conducía hacia la salida, hacia los ascensores, metros más allá se observaba una sala grande donde  había personas sentadas en unas bancas, la gente nos miraba también emocionada, cada paciente que daban de alta era un triunfo para Es salud, para el país, para la vida, bajamos en el ascensor luego nos fuimos hasta la puerta del hospital donde  tomamos un taxi para la casa.



Rodolfo Velazco Cervantes

— Papi, ahora que vamos a casa no te voy a poder ayudar a subir hasta el departamento, te voy a dejar solo en la puerta porque yo también me siento mal.

— Si hijita, no te preocupes, gracias por   venir.

Durante el trayecto del hospital a la casa, quería conversar algo más, pero  la tos  ahogaba mi pecho, no quería toser, sentía un gran miedo que pudiera venirme un ataque de tos en el  taxi y complicar el momento y  tal hasta vez retornar al hospital que acababa de salir, pensaba que mi hija estaba igualmente mal y no quería incomodarla y también pensé en el chofer en  que podría contagiarlo, iba pensando   que por la situación de trabajo los taxistas  se arriesgaban   y   en otra circunstancia, cuantos pasajeros  se contagian, a medida que   nos alejábamos   del lugar  la sensación  de toser fue calmando, aun así,  no podía hablar,  miraba  las calles,  las casas, la gente, volvía otra vez a la vida, iba a la casa a  sumar para ayudar,   tenía en mi cabeza dos pensamientos,  uno   que en casa Emili y Matías   se alegrarían de verme,  o tal vez ellos estaban mal,  ¿Por qué Matías no fue a recogerme?

La idea que aún estaba delicado prevalecía, asimismo veía alegría en el rostro de Penélope, de estar allí junto a mí, no sabía porque estaba alegre a pesar de su  estado de salud. *Días después cuando en alguna oportunidad conversamos con Penélope ella me contó  que esa tarde que fue a recogerme, sintió  gran  felicidad al verme  salir de mi  habitación y a medida que me iba acercando  a ella  sentado en la silla de ruedas junto a la licenciada  y  la técnica,  se emocionó  mucho durante  esos segundos, porque  los días que estuve en el hospital pensó que quizás nunca más me volvería a ver y ahora  yo estaba allí e iba su encuentro,    también habían conversado con Emili y Matías que si mi estado se agravaba,    nunca más me  verían, lo  habían conversado    algunas veces y todos se pusieron tristes, por eso me enviaban mensajes    en las mañanas y en las tardes porque estaban muy preocupados  por mí,  y por eso en el momento  que estábamos sentados en el taxi  ella se sentía muy feliz de verme otra vez  y mejor   aún, ¡ recuperado  de mi enfermedad ¡*

— Papito, ¿tu podrás subir solo al depa?  Porque  de tu casa para ir a mi casa tendría que tomar otro taxi.

— Si puedo hija, no te preocupes.

Le cogí la mano fuerte, expresándole en ese apretón   mi cariño y mi agradecimiento, tratándole de infundirle fuerza, para que se envalentone.

**Reflexiones**

Llegamos a   mi casa, antes de bajar Penélope me recomendó que   la mochila con mis cosas las pusiera en la lavandería y las deje allí siquiera dos días,  que no saque nada y que me olvide de  ellas,   me bajé del taxi y le dije que la llamaría pronto,  subí al departamento en el ascensor, en esos instantes una grata sensación me   llenó el corazón, los vería después de seis días, la puerta estaba sin llave, esperaba abrazarlos si se pudiera, abrí la puerta y  en la sala  estaba Matías en  su cama, en su colchón inflable.

— ¡Qué tal papito ¡ -logró decir, con voz trémula.

— Bien hijito ya estoy de vuelta, voy a dejar mis cosas en la lavandería.

Luego fui a verla a Emili a su cuarto, ingresé al baño para lavarme las manos y acercarme a ella, me quité el escudo facial y la mascarilla, en el dormitorio grande estaba Emili echada en la cama,

— ¿Cómo estás?   -Me preguntó.

— Bien, Emili ya estoy mejor.

Para ese momento la sensación de tos había desaparecido completamente, solo sentía una cierta turbulencia en mi cabeza, como que las cosas no estaban completamente claras, el panorama que se podía apreciar en casa no era del todo agradable, no me imaginaba encontrar así la situación, mi querido hijo permanecía echado boca abajo  sobre el colchón inflable que compramos días anteriores, sospeché que mi hijo no estaba del todo bien, el dormitorio pequeño estaba  destinado para mí y pensé que Matías  debería estar  allí y no en el incómodo colchón, la alegría que pensé me expresarían no se dio, rápidamente me di cuenta que  ellos estaban muy mal,  yo estaba allí para apoyarlos,  puesto que yo  estaba mejor,  en un instante me arrepentí de haber salido del hospital , pensé, *he venido a incomodar,  me hubiera quedado uno o dos días más*, traté de no molestarlos en lo mínimo posible,  eran casi las siete de la noche,  solo quería que estén en paz.

— Papito, en la cocina hay un plátano y un pan, come eso y tómate un té  - expresó Matías.

Fui para la cocina y encontré tres plátanos muy maduros, pan embolsado de varios días, unas ramas de eucalipto completamente secas en el suelo, entonces comprobé que no les había ido bien estos días, sentí dolor en el corazón casi lloro, ¡Dios mío! dije, ¡qué están comiendo! ellos  habían pasado estos días momentos tal vez peores de los que imaginé, la situación en casa no estaba bien, no quería incomodar más, solo les preguntaba cómo se sentían, me decían que bien, pero yo sabía que no estaban tan bien, los televisores estaban apagados, al parecer solo querían descansar cada uno en su lugar, entonces les dije que yo también deseaba irme a mi cuarto a descansar.

— Si papá, mejor todos vamos a descansar, préndete la tele si quieres.

— Ok.  Campeón, por favor si necesitas algo me dices, yo he venido a casa para sumar y no para restar, cualquier cosa que quieran me lo piden por favor.

Me fui para el dormitorio grande   donde estaba Emili y le dije que me iba a mi cuarto a descansar.

— Está bien Manuel, Matías ha comprado sábanas nuevas, si quieres póntelas y saca las otras, ve a descansar.

— Emili, ¿cómo estás?

— Ya mejor, hemos pasado unos días terribles, pero hoy nos sentimos mejor.

Traté de no conversar mucho, el cuarto estaba cerrado con el aire muy cargado y le dije a Emili que en el hospital había bastante ventilación, le pregunté si podía abrir un poco la ventana para   purificar el aire y descargar un poco la carga viral.

— Está bien ábrela, pero solo un ratito.

Abrí la ventana  unos quince minutos,   la acomodé  en su cama boca abajo para que la saturación  suba un tanto y  estuve allí unos minutos, luego cerré la ventana y me fui para mi cuarto, prendí la televisión y   estaba en YouTube, con un video de música relajante, que nunca antes   lo habíamos visto, pensé que Matías   esos días estuvo viendo   esos videos,   me quedé prendido de la televisión   como una hora, era justamente lo que mi mente necesitaba, algo que me relajara, pensé que  un día cuando me sintiera  mejor, empezaría a escribir una obra,  sobre la experiencia  que estaba viviendo,  aún en mi mente tenía algo de fiebre y miedo por la enfermedad y mi cabeza  no la sentía mía, todavía tengo viva  en mí, la presencia de todo esto que me ha invadido los últimos cuatro  días, me sentía un poco mal; con fiebre, el cerebro algo perturbado, estaba confuso, entre bien y mal,  la imagen de Talía y Dana, dos amigas que conocí en el pasado, pero al escuchar la música y ver los paisajes de la televisión  me fui relajando, sentía que   la Covid-19   se iba alejando de mi vida,  una paz interior llenaba mi alma,  el peligro se iba  y la ilusión de vivir otra vez  la sentía en  mi ser.

Martes 29, al despertar ese día,  lo primero que  cruzó por mi mente  fue    darme cuenta que ya no estaba en el hospital me encontraba en casa  con los míos,  me sentí bien, *"ahora   era mi turno de ayudar a mi esposa y a mi hijo"* -Pensé- me levanté con ánimo,   fui a la sala  contemplé el panorama,  mi hijo echado sobre el colchón inflable  el cual se hundía con su peso, me preocupaba,   me di cuenta inmediatamente que   eso lo estaba martirizando tenía que cambiar esa situación,   todas las ventanas estaban cerradas, era una situación   tan diferente a la del hospital, donde  había tanta ventilación,  pensé: *" así  no van a sanar rápidamente, no puede ser"* fui a la cocina y encontré una gran bolsa color blanco que ocupaba casi media  lavandería, se sentía un olor como pestilente, - me pregunté- ¿Qué será esa gran  bolsa?   Abrí la ventana de la lavandería para renovar el aire, el ambiente se sentía cargado, fui para el cuarto de Emili y vi las cortinas cerradas, las jalé para que ingrese luz y noté que los vidrios estaban mojados, no podía ser, teníamos que mejorar ese aspecto.

Poco después cuando ya se levantaron  sin que se den cuenta abrí todas las ventanas, mientras estaban en la cocina tomando desayuno,  luego  les conté que  en el hospital  ocurría algo muy bueno, era la ventilación,   que deberíamos  abrir las ventanas, para  descargar la carga viral,  parece que me entendieron algo pero  no les gustaba  tener las ventanas abiertas creían  tal vez que ese aire frio  les  empeoraría  la respiración, a los siguientes días



Rodolfo Velazco Cervantes

temiendo eso,  calculaba minutos antes  de que se levantasen de la mesa,  corría a cerrar las ventanas, para eso  ya se habían ventilado  un buen rato.

Los dos primeros días,  el panorama de salud  de Matías fue terrible, mi hijo  no saturaba bien,  estaba con el   carácter irritable y sensible, pedíamos  el almuerzo por delivery,  el pago lo hacían vía virtual, era una aplicación con tan solo el celular y la tarjeta de crédito del banco, sin tocar el dinero que podría  ser transmisor del virus, sin correr riesgos de falsificación, robos y ahorro de tiempo en ir al banco, era ya una nueva modalidad  que la decían cripto moneda, la cual   proporcionaba mucha comodidad.

Emili le habló para que se cambiara de cama, que ocupe el cuarto pequeño que allí  iba  a  descansar  mejor,  que  le cambiaríamos las sábanas e iba a estar mejor pero Matías no quería, pensaba que yo debía estar allí dos días porque vine del hospital, para recuperarme del todo, quizás para  no contagiar más a Emili,  el día transcurría y a Matías  lo veíamos  mal,  yo trataba de  animarlo.

— Campeón hoy es el último día del virus  o quizás ya fue ayer…

— Si papito, pero    lo que me preocupa es aún mi saturación, siento también muchas palpitaciones seguidas en el corazón, tengo hipo que no me deja tranquilo.

Yo me callaba, lo veía a ratos colorado como si le faltara el aire, quería abrir las ventanas, sabía que la carga estaba adentro y no se renovaba por aire fresco, podía ser fatal, a eso de las diez de la mañana vendría una señorita del laboratorio, eran para unas pruebas urgentes que Samuel y Penélope solicitaron, era para conocer la evolución del nivel de PCR y trombina y si continuaban anormales, me preocupé más porque a estas alturas aún se siguen con los análisis de sangre, después de un rato la señorita se fue, yo estaba en el dormitorio grande y en eso ingresó Emili.

— Pobre mi hijito, -dijo- solito se tiene que poner las inyecciones contra la trombosis, continuó, dice que ya ha aprendido a colocarse solo, en estos días que no has estado a llamado a una señorita, pero no ha venido.

Ahorita, Matías se está poniendo la inyección.

— Pero si quieren yo puedo aprender y colocarle – expresé.

Esa tarde les dije que el colchón inflable estaba mal, que yo podía dormir en los muebles, pero Matías se opuso, Emili dio su parecer que mejor sería dormir sin el colchón, al segundo día, logramos convencerlo que sería mejor sacar el colchón inflable y dormir sobre los muebles y así lo hicimos, al parecer Matías estaba un poco más cómodo así.

El 30 de setiembre las estadísticas indicaban 814 829 positivos y 32 463 fallecidos, al escuchar las noticias dentro de mí decía: nosotros somos parte ya de esas estadísticas, quizás si hubiera muerto sería un número más de los que figuran fallecidos.



Rodolfo Velazco Cervantes

Esa noche discutí con Emili, me fui para mi cuarto, prendí la televisión solo se podía captar YouTube, seleccioné videos de música relajante, era hermoso escuchar y ver los paisajes bellos, la emoción me embargó, pensaba ¡en que lejos estaba el mundo! no importaban las palabras que me dijo Emili, me habló muy mal de mis escritos, me sentí herido, era mejor no hacerle caso- me dije- ¡Dios mío!, la vida recién empieza, gracias al virus conseguí libertad, ¡seré escritor!  soñaba con escribir tanto tiempo me postergué, si dios me dio na segunda oportunidad para vivir a partir de ahora sería otro, el Manuel de ayer se terminó, hoy empezaría otra vida.

Los días  pasaban , la mejoría de Matías era lentísima, no imaginé  que el más afectado fuera él,  el más joven y fuerte, deportista y sano, por fin  el sábado  decidimos que yo  me cambiaría  al dormitorio grande y dormiría con Emili, de otra parte Matías  ocuparía el dormitorio pequeño, cambiamos las camas  y  de esta manera mi hijo  empezó a descansar mejor,  ya su situación era más digna, dejó de hacer los esfuerzos   de cuidarnos, pues  yo empecé a   atender más los requerimiento de la casa,  recibía las compras, la gran bolsa blanca que ocupaba casi media lavandería eran las bolsas acumuladas de basura  de los seis días que estuve en el hospital, hacia el aseo y desinfección de la casa,   Emili también  ya se sentía mejor y me ayudaba en los quehaceres,  aunque aún persistía   el dolor de espalda fuerte y  los dolores de cabeza  constantes.

El día 4 de octubre  Matías dejó la sala  para irse a  su dormitorio, el ambiente se despejó, reubicamos los muebles, se desinfló el colchón inflable, se acomodaron la cosas, yo abría las ventanas de la sala  y  dormitorios muy temprano, también la puerta del cuarto de Matías, para que tenga ventilación, sin embargo el martes 6, Matías estuvo molestísimo conmigo, me dijo que para que abría las ventanas, que ese aire lo mataba, que se sentía peor  con su respiración.

— ¡Voy a morir!  y ¡tú  serás el culpable! – me dijo.

Sentí dolor por sus palabras, pensé  realmente que Matías no estaba bien , me preocupé muchísimo,   pregunté a Emili como fueron los días  que  estuve en el hospital, me dijo que Matías estuvo muy mal , tenía tos  constante casi todo el día, más fuerte en las mañanas y en las tardes,   sus palpitaciones del corazón  eran más  de 120 pudiendo ocurrir un ataque, la fiebre también  era  constante    y también tenía hipo situación que interrumpía   una normal respiración, que Penélope y Samuel estaban muy preocupados por él.

De otra parte Penélope se iba recuperando lentamente de la Covid 19,   el día que fue a recogerme   aún se sentía mal, recordaba cuando conversé   el día lunes y me dijo; "no te preocupes yo de todas maneras iré  a recogerte pero será a las seis porque más antes no puedo, aún   me siento muy mal" también recordé que Matías me hizo la promesa de irme a recoger y no fue,  era porque todos estaban mal y no me lo decían, pero ahora felizmente  todos   habíamos vencido a la enfermedad.

El día martes 6, Matías   se sintió mejor, eso me cambió el ánimo,  el  día  7  nos  citamos  con  Samuel  en  la  playa, conversamos de nuestro estado de salud, el cambiar de ambiente quizás mejoraría un poco más a Matías, en la playa había un poquito de sol, mi hijo no habló mucho, aún  no estaba completamente bien, por la tarde se sintió bastante mejor y nos



Rodolfo Velazco Cervantes

comunicamos con Penélope y Samuel, nos dijeron que ya la Covid 19 estaba superada, que era cosas del ayer,  días mejores vendrían. Samuel dijo que nunca había conocido una familia tan unida, que éramos un ejemplo de familia y que nos felicitaba por la fuerza y empeño que pusimos para superar la Covid 19.

Posteriormente el día  viernes 9,  los visitamos  en su departamento,  comentamos  con  ellos  las  circunstancias sucedidas, recién me enteré que Matías había  estado en la peor de las situaciones,  los análisis de su PCR  fueron altísimos sobrepasando  los  90,  lo  que  significaba   que  los  pulmones estaban comprometidos hasta en un 60 al 70 por ciento con razón que esos cuatro días  de martes al viernes  su estado estaba muy mal, recordé que leí  sobre la " tormenta de citosinas"  cuando el sistema  inmune    aumenta  la  producción  de   citosinas,  la actividad inmune se torna  exagerada,  siendo muy posible que el sistema  inmunológico  se  descontrole  y  siga    creciendo  la tormenta,  las  citosinas  se  propagan  por  todo  el  cuerpo  y comienzan  a  atacar    a  tejidos  sanos,  los  vasos  sanguíneos empiezan  a  abrirse   para que pasen  las células inmunes,  pero con su paso los vasos empiezan a sangrar, filtrándose  líquido en los pulmones  y la presión sanguínea empieza a bajar, también se forman coágulos de sangre en todo el cuerpo lo que ahoga más el flujo sanguíneo, de ahí  las  palpitaciones  y  el  ritmo cardiaco de  mi Matías amado, al no recibir la suficiente  sangre el cuerpo entra en estado de shock, otros órganos sufren y sobre viene la muerte, por eso era muy bueno mi  planteamiento de tomar mates de eucalipto que ayuda a  desinflamar el sistema respiratorio y circulatorio, lo bueno del tratamiento fueron las inyecciones contra la trombosis.

En cuanto a Emili,  había tenido dolor de espalda y brazos en forma permanente, dejándola tiras, por lo que   no se levantaba de la cama  ya que el dolor era insoportable, también todo el día   tenía dolor de cabeza y fiebre, pero sin tos,   la tomografía de sus pulmones arrojó un daño  del 60 por ciento, las mujeres  son menos dañadas según estadísticas nacionales y mundiales porque tienen dos cromosomas x que las protegen y la proteína ACE 2, la cual  tiene un efecto antiinflamatorio, por lo que  el daño  no es muy grande, también me enteré que  Matías la había atendido todo el tiempo y eso ayudó  a que no se agrave, aun así su estado estuvo muy peligroso,  Thiaguito había tenido fiebre y dolor de cabeza tan solo dos días,  al tercer día  los síntomas se fueron despareciendo,  volviendo a la normalidad al cuarto día .

Recién ese día pude enterarme  del porqué   decidieron que fuera al hospital el miércoles 23, fue porque el día anterior  el 22, cuando la señorita del laboratorio llegó a casa y nos sacó la muestra de sangre  a los tres, esa misma noche habían  enviado los resultados de nuestras PCR, en mi caso había subido de 10 que tuve en días anteriores  a  80 de PCR  que tenía en este segundo  examen, eran valores altísimos, por lo que  temieron me suceda algo muy grave y  por eso   es que fui al hospital, igualmente Samuel obtuvo los resultados de mi PCR del hospital y arrojaron 100, por eso Penélope sentía temor que me pasara lo peor.

En relación a  Penélope  su enfermedad  fue más suave, por ser joven su sistema inmune estaba más fuerte y su estado de salud en general era bueno,  pero si tuvo dolor de garganta  y sobre todo  intensos dolores de cabeza y de espalda  que también la dejaron molida, sin embargo por   el tratamiento seguido podía contener los dolores y los malestares, su lucha contra la Covid



Rodolfo Velazco Cervantes

19 también fue intensa ya que  tuvo que mantener  la casa   sola, Samuel pudo atenderla   en los momentos precisos  y  así poco a poco fueron  superando la enfermedad.

Samuel fue   el único que no se contagió, manifestó en esa reunión que el suponía que el caso más grave iba ser el de Emili, pero no fue así, los más peligrosos  y de riesgo   fuimos yo y Matías, en el caso de mi hijo, como el análisis de sangre arrojó 120 de valor PCR, ya había hecho las coordinaciones y recomendaciones del caso para que lo llevaran a la UCI.  Fue el día sábado cuando estuve en el hospital.

— Imagínese como hubiera sido eso, usted en el hospital, Matías en UCI,  Penélope  enferma con Thiaguito y la señora Emili sola,-hablaba Samuel-  quizás por desgracia el resultado no sería ahora el mismo y así  fue que reconocimos que a pesar de todo el mal momento , la enfermedad , las preocupaciones , el esfuerzo la lucha y el gasto efectuado,  no ocurrió una desgracia mayor, pero estuvimos cerca.

La tarde del domingo 11 de octubre  estaba tranquila,  no se podía salir a la calle  en movilidad, pero si  se podía  caminar, y montar  bicicleta, ese día lo hicimos,  recorrimos  por algunas calles del distrito en bicicleta, era bonito el sentirse libre, el no tener la presión de los vehículos,  al retornar del paseo, nos sentamos en la  sala  para conversar, acordamos que  haríamos un balance  final de  la Covid 19.

Ese mismo momento  sacamos cuentas del gasto realizado entre los tres,  me enteré que los hermanos de Emili  nos habían apoyado económicamente  y les agradecí mucho, Matías  me expuso y presentó algunos comprobantes de pagos realizados a clínicas, por los gastos de  tomografías y otros, de laboratorios para análisis de sangre y resultados de PCR,  algunos comprobantes de boticas por compra de medicamentos,  otros de servicios diversos, por  compra de  alimentos,  ropa de dormir y de cama,  compra de insumos descartables  y otros, todo sumaba ocho mil soles, unos 2285 dólares, por los tres,  agradecimos a Dios que por suerte teníamos  ahorros y apoyo  de personas que nos amaban, y el apoyo incondicional  de Samuel y Penélope en conocimientos,  hablamos que otros gastaron  mucho más hasta quedarse endeudados,  y que muchas otras personas mueren por no contar con dinero, ya estábamos algo agotados y quedamos  a reunirnos por la tarde para conversar otros puntos importantes de la  experiencia vivida.

La idea de ésta      reunión era el obtener algunas conclusiones y apreciaciones importantes  que  las tendríamos en cuenta, para   conocer más  sobre  la Covid 19,  todos dijimos que  en el fondo  también era mejor olvidar , para liberarnos de todo ese miedo y estrés  que mantuvimos  durante ocho meses encerrados y un  mes   de la enfermedad, eran las cinco de la tarde y conversábamos en la sala.

— Si supuestamente yo me contagié el día lunes 07 de setiembre a medio día, - me dirigí hablándole a Matías - a los tres días el día jueves por  la noche, (78 horas después de contagio) sentí los primeros síntomas, el día jueves por la tarde sentí escalofríos, acompañado  de gran dolor de todo el cuerpo, se supone que  tu mamá, al dormir en el mismo cuarto y  conversar normalmente

151

varias veces  la pude contagiar uno o dos días después, digamos el miércoles 9.

— Lo difícil era saber  si se tenía el virus, quien lo iba a imaginar – expresó Emili-lo que nos ha salvado es que yo me resfrié y tuve problemas con mi asma  el jueves 10 y viernes 11 y los días posteriores, por lo que Penélope nos recomendó hacer el análisis de sangre, sino hubiera sido por eso,  no se hubiera podido detectar a la Covid 19 a tiempo.

— Si tienes razón Emili -expresé – si no nos hacíamos el análisis de sangre la enfermedad hubiera avanzado y tal vez con consecuencias fatales. Ahora me doy cuenta que por desconocimiento nos pasa esto, Roberto me ha dicho en varias ocasiones que se debe hacer un ejercicio de respiración inter diariamente conteniendo la respiración doce segundos, para probar si los pulmones están funcionando bien esa podría ser   prueba anticipada si uno tiene complicaciones en los pulmones o no.

— El sábado 12 y domingo 13 Matías, - habló Emili- te contagiamos y por partida doble, ya que recibías mi carga viral y la de tu papá al estar con nosotros el fin de semana.

— Si se seguramente ha sido así, y yo que tenía miedo de que fuera yo quien trajera el virus, tenía miedo de contagiarlos a ustedes  y fue al revés, – habló Matías.

Después de haber leído tanto  -hablé- sé que el virus empieza a  replicarse o multiplicarse  desde el tercer día  de percibidos los  primeros síntomas, es decir se  empezaron a replicar   el sábado y el  domingo, justo los días  que estuviste con nosotros Matías, miles o tal millones  de virus ingresaban a las células, otros millones salían de mi para contagiarte,  con razón  yo creo que fueron los virus más fuertes más agresivos justo cuando están en edad de   reproducirse y esos ingresaron masivamente a tu organismo.

El día 15 de setiembre tu mamá se sintió mal y Penélope pensó  que era por su asma, fue por eso que nos recomendó sacarnos el análisis de sangre,  el miércoles 16 en la mañana, te sacaron Emili  la prueba rápida, y salió negativo justamente porque recién estabas  a seis o a siete días  del contagio, por eso salió negativo,  -continué hablando- el jueves por  la noche yo me hice sacar  la prueba molecular y saldría positiva pero yo estaba en el noveno  a décimo día, el viernes 18 me sacaron la tomografía, con el avance del 30 al 40 por ciento de los pulmones comprometidos.

— Papá fue un acierto que  se tomaron el análisis de sangre y poder determinar a tiempo  el PCR  y la neumonía, gracias a lo recomendado  por Samuel y Penélope, todo esto  fue oportuno adelantándonos  al avance de la Covid 19, -expresó Matías.

— Fue el domingo 20, que estuve  muy mal, esa noche casi me muero, -hablé-  mi sistema respiratorio estaba tiras, carcomido e invadido por el virus,  justamente ese día 20 los millones de nuevos virus  replicados empezaban a abandonar las células  madres, por eso me ahogaba

153

porque eran millones que  carcomían  más los pulmones, por suerte ya empezamos días atrás  a atacar la neumonía, los virus no tenían   células   para comer y seguir replicándose,  empecé a toser mucho y allí   nuevamente te pude  contagiar Matías, en una segunda ola , ya que no usábamos tapa bocas dentro de la  casa, es decir recibiste una nueva oleada de virus los días 21 y 22 de setiembre.

— Imagínense   - continué hablando-  el  sábado 12, domingo 13 , lunes 14  día de mis nauseas,  como las mujeres  cuando  están  en  estado,  estos  malditos empezaron a penetrar  en las células para  reproducirse o replicarse,   una  semana  después  el  domingo  20 empezaron a nacer o a salir de las células hospedadoras, para   ingresar en otras células  y volverse a replicar, con razón sentía que cuando tosía,  mi cuerpo, mis pulmones, mi pecho estaban  llenos de cientos de millones de virus, eran más virus  que estrellas del universo,  ese universo era mi pecho y me asfixiarían en la estampida.

— Igual ocurrieron los siguientes dos días, millones de nuevos virus desalojaban las células, que les sirvieron como madres o almacenes para replicarse, y pronto al cumplir  su  ciclo  debían  abandonar  el  cuerpo  del hospedador, en esa situación mi cuerpo ya estaba con varios órganos destruidos en especial los pulmones, con neumonía  y  mi  cuerpo  camino  a  su  destrucción  a  la muerte. —agregué.

— Así fue- dijo Emili- y en nuestro caso yo que iba con atraso de dos días, me sentí muy mal los días que estuviste en el hospital, si no hubiera sido por Matías tal vez hubiera muerto, sentía que el cuerpo se me desvanecía, ya no tenía fuerzas ni para respirar, me echaba en la cama y solo ponía mi mano sobre el Corazón de Jesús, y le decía: "haz tu voluntad Señor"

— Si el mismo ciclo fue igual, -hablé- en ti Emili, significaría que   los virus empezaron a replicarse el 15 y 16, y nacerían o saldrían de la célula una semana después es decir el martes 22 y miércoles 23, justo los días que fui al hospital.

— Esos días fueron los peores, donde creía que ya me iba a morir, -dijo Emili.

— Tú Matías -me dirigí a mi hijo- ibas a   seis días de retraso conmigo,  en tu caso  los virus empezarían a replicarse desde el 20 al 22, y nacerían  seis días después, es decir del 27 al 29, sin embargo yo he seguido  tres días mal, es que  apenas  se cumplen los 14 días,  no se acaba todo esta enfermedad, incluso creo que   se quedan tres días  más, por  eso  es  que  la  mayoría    mueren supuestamente   entre la segunda y tercera semana de haber contraído el virus.

— Si, puede ser, -dijo Matías- pero yo aún continuaba esos días 29 y 30 muy mal, he continuado mal por lo menos hasta el martes 6 de octubre es decir seis   a siete días en grave estado.  Tal vez como dices fueron los virus de la segunda ola los que empezaron a dañarme, aquellos nuevos virus de los días 20 y 21.



Rodolfo Velazco Cervantes

— Yo creo. –afirmé- que  te sentiste mal esos días debido  al doble contagio y a la tormenta de citosinas, que complicó tu salud,  tú ya estabas libre del virus el martes 29 o miércoles 30, pero tu torrente sanguíneo  estaba lleno de materiales :  virus, azúcar, triglicéridos,   colesterol, glóbulos blancos y  miles  de  anticuerpos que  lejos  de ayudar a que fluya el torrente sanguíneo estorbaban el pase de la sangre  por los vasos sanguíneos y la sangre no llegaba  con  normalidad a tus pulmones y así pudo darte taquicardia y  también pudo haber dañado otros  órganos, en realidad tu sí que has  estado grave.

— Pero haciendo  un  análisis  más  profundo – expresé- es muy  posible  que  los  nuevos  virus  del  20  y  21  y  que nuevamente te contagié, empezaron a nacer o salir de las células, una vez replicados doce días después es decir el 4 y 5 de octubre, yo recuerdo que eso días aun en tu cuarto seguiste muy mal, solo a partir del miércoles 7 se notó una mejoría en tu salud.

— ¡Hay hijito lindo! - exclamó Emili-abrazando suavemente a Matías, de la que nos hemos librado, tu sobre todo hijo querido.

— Es increíble, tú que eres el más fuerte de nosotros y sin embargo corriste el mayor riesgo por la sobre carga viral, el  esfuerzo que ¨hacías al cuidarnos  y   a la respuesta de tu sistema inmune ,  tu cuerpo excedió  la fabricación de anticuerpos y también  recibiste una nueva ola de virus, ¡Dios mío!- suspiré-   hijo has corrido mucho riesgo,  tal vez aparte del tratamiento campeón, lo que  te salvó es que has sido un gran deportista, no tienes  vicios, no fumas  y tomaste algo de  mate de eucalipto, que quizás  te ayudó en algo. –agregué.


Por la noche  ya en mi cuarto anoté en mi cuaderno en la parte La Sospecha: Hoy 11 de octubre del 2020,  es el final de la aventura, escribo la presente historia para todos  los que sufrimos  la peor pandemia y la más horrible   de las pesadillas del ser humano,  he aprendido mucho, que se resumen en tres acciones: Primero: para evitar su contagio,  aparte de  las recomendaciones dadas por  la OMS, es necesario llevar un atomizador de alcohol, para desinfectarse las manos constantemente,  Segundo: que para  fortalecer  el cuerpo, el sistema respiratorio contra   el virus es necesario tomar los mates con hojas de eucalipto y  afrontar el miedo y hacer   inter diariamente el ejercicio de  la respiración y en Tercer lugar: si uno  ya está enfermo  debe  permanecer echado boca abajo  para ayudar a respirar a los pulmones, evitando se complique e ir al hospital y por supuesto tener la ayuda médica.

La prueba del PCR es efectiva y se anticipa a las pruebas rápidas y moleculares, pero son costosas, sería necesario que los gobiernos financien estos gastos, así salvarían muchas vidas y se evitaría llegar a los hospitales.

Así mismo aún queda la sospecha del lugar donde me contagié sin embargo analizando bien podría afirmar que fue en el ascensor cuando respiré el aerosol que contenía el virus y que estaba flotando en el ascensor donde ingresé, en ese momento me encontraba sin tapabocas.

12 de octubre, Matías regresó a trabajar, le hicieron una prueba arrojó "IGG", Matías me explicó que eso significaba que había tenido la Covid 19 y que no habían virus pero que sí tenía suficientes defensas, poco a poco la enfermedad fue quedando como una pesadilla, pero las sensaciones continuaron, los miedos los cuidados, las recomendaciones, yo empecé a sentirme un poco mejor, aunque el aparato respiratorio todavía lo sentía muy débil, cualquier liquido frio que ingería inmediatamente me repercutía en una sensación de quiebra en el pecho, las actividades físicas me cansan, imagino que tal vez no podría hacer una carrera de dos cientos metros, pero sé que esto lo recuperaré, Matías, trabaja casi normalmente, a pesar que sube diariamente a los pisos superiores como ingeniero civil en el edifico que viene construyendo, Penélope, se recupera más rápidamente aunque a veces me habla de sus temores, Thiago solo lo recuerda como un resfriado, Emili, aún su recuperación no es total, requiere hacer ejercicios para volver a la normalidad.

23 de Octubre del 2020, ha pasado un mes de aquel desenlace, me encuentro ya en Arequipa, los médicos y enfermeras del hospital aún me llaman y preguntan de mi evolución, les soy sincero, les doy ánimo y ellos a mí, ellos siguen en la lucha, ¡Dios los bendiga! el mal, la Covid 19 continúa en una segunda ola en Europa; en Estados Unidos no pudieron contenerla, hoy, en las estadísticas mundiales figuran como países más contagiados : Estados Unidos, La India, Brasil, Rusia, Francia, España, Argentina, Reino Unido, Colombia, México, Italia , Perú y Sudáfrica.

En pocos días, viajaré a las Lagunas   de Mejía, tal como
prometí el día que salí del hospital y llegué a casa, cuando vi
consternados a Emili y a Matías, tengo que cumplir para conocer
más del virus, de sus misterios y de aquello que soñé las noches
en el hospital.



Rodolfo Velazco Cervantes

## Tercera Parte

## Las Chicas Covid  19

Primero de Noviembre del 2020:  Es de noche y  me encuentro en el único hotel del pueblo,  pasé toda la tarde en las lagunas  de Mejía,  meditando  y recordando,  pude aclarar  mis pensamientos y descubrí  en parte  los mensajes de los sueños o delirios  que sentí en el hospital y puedo ahora  escribir lo que me pasó, al concluir la historia mi alma quedará libre  como  las aves que hoy contemplé,   hoy empezaré a  aclarar eso que  lo tenía adentro de mí,  pero que no podía extraerlo,  mi mente  se remonta al pasado, me ubico  hacia  un año y medio atrás, allí estaba el misterio. Por más esfuerzos que hacía esa noche no podía recordar que sucedió, transcurrieron las horas y me dormí muy cansado, antes  Emili, me dijo que volviera para la ciudad, que ella tenía la solución para mi problema.

Al día siguiente temprano retorné a Arequipa, Emili por la tarde me llevó al consultorio de un viejo amigo del colegio, José Luis Madariaga, era un destacado psicólogo y ex compañero del colegio, al cual le conté  esa misma tarde mi experiencia con la Covid 19  y esos sueños, esa presencia  que  asomaban a mi cabeza, los sueños que tuve mientras permanecí en el hospital en Lima,  José Luis, me escuchó atentamente.

— Me has fascinado con tu historia del hospital, -habló en voz alta- voy a dedicarme a ti exclusivamente, mira hay métodos en psicología que vamos a aplicar, mañana mismo a esta hora nos podemos ver y mediante hipnosis vamos a extraer todo eso que tienes dentro de tu mente, así sabremos lo que quieres recordar y al conocerlo quedarás liberado de tus pesadillas. Al día siguiente a las tres de la tarde empezamos la sesión, luego de sus protocolos y con mi férrea voluntad de colaborar entré en estado de hipnosis, relajado y semi dormido  empiezo a escuchar solo la voz de José Luis…

"Estás en el hotel  en las lagunas de Mejía" estás meditando sobre tus sueños, aquellos que tuviste por las noches en el hospital.

Mi mente se remonta a la primera noche en el hospital  veo mi cama, estoy durmiendo, de pronto van apareciendo unas imágenes de lo que soñé o viví esas noches.

— Aflora a tu recuerdo lo que tienes en el fondo de tu conciencia, de tu mente -son las palabras de José Luis.

Mi mente de pronto se remonta a  Lima, julio del 2019,  me encuentro en  el Estadio Nacional   en la inauguración  de los Juegos Deportivos Panamericanos  Lima 19, un evento  del cual nos habíamos preparado dos años antes,  había comprado una entrada en la tribuna preferencial para poder ver muy de cerca aquel fabuloso espectáculo, el estadio  estaba lleno de asistentes, todos teníamos   un ánimo exacerbado, porque éramos los anfitriones de  tan magno evento, la combinación de luces, presentación  de  escenarios  magníficamente  arreglados  y diseñados,  nos habíamos preparado para recibir  a las delegaciones de deportistas  de todo el continente americano,  a mi lado  estaban sentadas dos preciosas chicas y me observaban de vez en cuando,  eran muy bellas, una de ellas la menos alta,

161

tenía  cabello castaño, ojos azules, piel canela, era  delgada, me sonreía   y yo a ella,  la otra chica era  más alta y con un poco más de masa corporal,  cabellos muy rubios, piel blanca,   pero tenía   los ojos negros  y  rasgados, ambas  estaban  vestidas deportivamente.

Ellas  al  igual  que  yo   estábamos     disfrutando del espectáculo, luces de colores invadían el campo deportivo,  se dieron  escenografías de nuestra cultura  peruana  en sus tres regiones  naturales,  la  costa  con  danzas  afro  peruanas  y marineras,  la sierra con danzas de la cultura inca y la selva  con escenas de la amazonia peruana,  todo era impresionante y bien preparado,  luego empezaron con el desfile de  las delegaciones participantes  y el estadio   se convirtió  es  un  loquerío, todos estuvimos alegres  y  emocionados,  al pasar  nuestra delegación la gente se emocionó aún más,  observé que las chicas también disfrutaron    mucho  cuando  desfilaron  frente  a  nosotros, aplaudimos mucho  en  esos  momentos  de  algarabía,   en  ese momento  miraba a la chica menos alta  y le pregunté su nombre.

— Hola, me llamo Talía y tengo 22 años y tú ¿Cómo te llamas?
— Hola, mi nombre es Manuel es un gusto    el poder conocerte.
— Acá   - dijo, señalando a  su  amiga-   te presento a mi prima,  ella se llama  Dana.

Mirándolas  de  frente  les  estreché  las  manos  a  ambas sonriente, me sentía feliz por el espectáculo, por   las chicas a mi lado y porque la fiesta deportiva  era magnífica.

La inauguración de la fiesta deportiva continuó con    el 'desfile de delegaciones, las dos horas y media que duró el espectáculo, fue todo emoción, me sentía realmente muy bien.

Al concluir la función,   conversamos mucho más, Talía me contaba que  no eran peruanas,  que eran  extranjeras,  que vivían en China y  estaban  trabajando en  el  Comité Olímpico de China,  estaban   comisionadas   acá  en  Perú,   para   llevar información a  China  para  la próxima realización de  los Juegos Olímpicos Militares  Internacionales,    evento al que asistirían delegaciones militares de   muchos países del mundo  y que por eso    vieron a observar  el desarrollo  de    nuestros Juegos Panamericanos,  les pregunté que les había parecido la  ceremonia de inauguración  y me dijeron que les pareció  excelente,  que  lo habían gravado  y que esperaban que   también sus olimpiadas fueran un éxito,  me contaron que estaban alojadas en un hotel  en el distrito de Miraflores.

En esa ocasión,  yo  había viajado a Lima   para     editar una novela que la tenía escrita   tiempo atrás,  tuve  algunas dificultadas de último momento con la imprenta y  la impresión se  retrasó  unos días, por   lo  que  no pude presentar    los ejemplares  a tiempo a las editoriales que  tenían sus puestos de venta y exhibición en la Feria de Libro  que se  realizaba todos los años en la Feria Internacional del Libro  FIL 2019, en el parque Las Flores de   Jesús María,  también aproveché mi estancia en Lima para  asistir  a la inauguración de Los Juegos Panamericanos. A la salida  del estadio  les conté que tenía  a mis dos hijos  los cuales vivían en Lima hacia cinco  años atrás, mi esposa  se encontraba en la ciudad de Arequipa    y que solamente vine  a Lima por  siete días.

Las acompañé hasta su hotel en Miraflores,  ellas estaban muy animosas y me dijeron que si podía  acompañarlas unos momentos más y  conocer alguna discoteca del lugar y así lo hicimos, nos fuimos a la discoteca  El Bunker, pedimos unos tragos  y entre risas , conversaciones y bailes, hicimos una amistad,  ya eran las dos o  tres de la mañana  y  la discoteca se fue quedando vacía,  además el cansancio   nos llegaba, abandonamos aquel lugar  y  las dejé  en su hotel, antes   nos dijimos que  podríamos comunicarnos por  el celular.

Días después,  ellas tenían que partir a su país,  me enteré que Talía era brasileña , había nacido en Natal, ciudad ubicada en el punto extremo este de continente  sudamericano,  se había ido a China hacia   doce años atrás,  que  su mamá  tenia ascendencia china  y que  su papá era diplomático en ese país, por lo que ella   era propiamente de  nacionalidad china, su prima Dana, había nacido en China,  pero tenía  un  parentesco con ella por su padre, Dana era hija de un europeo danés  y su  madre africana de Ghana y que tambіén se había ido de  muy niña a Pekín, lugar de  trabajo de su padre danés y allí había crecido y formado.

Después  de  esa  noche   pudimos conversar  en  una oportunidad, estuvimos una tarde en   la Rosa Náutica , hermoso restaurante en medio del mar, allí me preguntaron  detalles de los juegos organizados,  hablamos de la construcción de una Villa Olímpica, ubicada al sur de Lima  en el distrito de  Villa El Salvador,  quisieron que las acompañe al lugar pero  no pude por mi falta  de tiempo, asimismo  hablamos de  la ceremonia de apertura,  de la mascota elegida,  los deportes, los registros,  las controversias, de los escenarios, los países participantes y también de  los miles de    voluntarios que se inscribieron  para apoyar  en  el lugar de  las competencias, guiaban  y apoyaban al público asistente, daban información de horarios y competencias y otros aspectos.

El día  de  su  partida,  fui  acompañándolas  al  Aeropuerto Internacional  Jorge  Chávez,  viajaron  a  San  Francisco  en  los Estados  Unidos  y  de  allí  partirían  para  Pekín;  los  Juegos Mundiales Militares año 2019,  se iniciarían el 19 de octubre  del año 2019.

— Sigue contando Manuel-  escuché la voz tranquila  de mi psicólogo.

A los pocos días, Talía, me contó que estaba en Wuhan, era el viernes 18 de octubre 2019,  ella me envió mensajes por whats app, indicándome que esa noche  inaugurarían los Juegos Mundiales Militares,  donde  se mostraría  al mundo   la antigua civilización china  y harían  una oferta  de amistad al mundo.

El presidente chino Xi Jinping inauguró oficialmente los juegos en un estadio   con 60 mil espectadores, en el centro deportivo de Wuhan, el acto empezó con el desfile de 109 delegaciones  en  medio  de  grandes  ovaciones  del  público asistente, el mayor estruendo fue para la delegación de casa   con 553  deportistas  militares,  encabezados  por  un  deportista basquetbolista.

En los nueve días siguientes un número de  9 308 soldados deportistas incluyendo a 67 campeones mundiales y olímpicos competirían en 27 deportes por 329 medallas, el lema era: "Compartir la amistad, construir la paz" Aparte de las disciplinas clásicas del futbol, básquet y natación, estos juegos militares incluían competencias como el lanzamiento en paracaídas, pentatlón aeronáutico y militar, ofreciendo al público   una nueva experiencia muy emocionante.

Cuando todos los atletas se habían reunido en el centro del estadio, se escuchó el himno nacional de China y el himno del Consejo Internacional del Deporte Militar y se izaron las banderas, el presidente del comité organizador de los juegos militares mundiales dio la cálida bienvenida a los atletas, a los entrenadores y a los huéspedes de todos los países participantes. Esa noche todos los representantes de las organizaciones deportivas estaban felices y emocionados, muy cerca de ellos estaban Talía y Dana, todo estaba sucediendo   según lo planeado la experiencia de Lima.

También   me contó que todos decían sentirse felices por la representación de los atletas incluyendo la resiliencia, el coraje, el espíritu de equipo, la hermandad militar, el compromiso y el servicio para sus países, en un mundo de incertidumbres, ahora el mundo se sentía esperanzado porque   la gente unida en fraternidad, solidaridad, tolerancia y amistad iniciaba estas competencias deportivas.

Era un evento magnífico al tener a los mejores atletas de las fuerzas armadas de más de 100 países del mundo, los cuales estaban poniendo el gran poder del deporte en una competencia pacífica.

Asimismo, manifestaron en dicha ceremonia que China cumplía el 70 aniversario de la fundación de la República

Popular de China y felicitaban al presidente chino Xi Jinping y al pueblo chino. El deporte construye puentes nunca muros, en ese espíritu se deseaba a todos los participantes lo mejor, luego se les tomó el juramento de honor a los deportistas.

Posteriormente se ofreció a los asistentes un espectáculo de gala, de casi una hora titulada: La Antorcha  de la Paz, dicho evento involucró a miles de turistas extranjeros y nacionales, en el desarrollo del espectáculo participaron  muchos artistas se hicieron proyecciones a gran escala y tecnología LED a la cancha de futbol convertida en un gran escenario en tercera dimensión. El trabajo hecho por Talía y Dana allí se manifestaba.

El espectáculo representó  en medio de las luces led, algunas  de las mejores teorías y estrategias militares de China el arte  de la guerra, mediante otras danzas y escenificaciones mostraban la filosofía de la armonía y la unidad, las 36 estrategias, de su arte más antiguo, también la gran muralla china y la ruta de la seda.

Continuó con el enfoque en la unidad  de un mundo moderno, desplegando la anticipación de las fuerzas armadas chinas, así como la iniciativa  y la ruta que une al mundo. También me comunicaron que se habían presentado muchos artistas incluyeron a pianistas, músicos y cantantes.

Al final de la ceremonia de inauguración, seis  portadores de la antorcha olímpica, pasaron  por las tribunas  antes  de encender la llama olímpica, los cuales fueron ovacionados por el público asistente, anteriormente ya la llama fue encendida  en agosto  en la localidad de Nanchag,  al este de China, lugar del nacimiento de las fuerzas armadas chinas. También asistieron al evento  jefes militares de  42 naciones, participaron casi 10 mil atletas, Perú participó con 15 atletas militares, hubo 27 deportes en competencia, incluyó 25 deportes oficiales y dos demostrativos. También se inauguró por primera vez una Villa Olímpica, exclusiva para los deportistas militares.

Cuando concluyeron las competencias, Talía, me llamó por whats app, indicándome que China había quedado en primer lugar, seguida de Rusia, Brasil y Francia, posteriormente no mantuvimos mayor comunicación salvo a principios del mes de diciembre, puesto que acabadas las olimpiadas les habían dado un mes de vacaciones, es decir todo el mes de noviembre.

En esa oportunidad me contó que había estado en Cantón, donde radicaban sus padres pero que regresaba a su trabajo, el cual ya no era como en las ocupaciones en que nos conocimos, ahora la habían designado obtener información de las enfermedades que sufrieron los deportistas participantes, sobre todo la gripe o resfriado común, le habían comunicado que en la ciudad de Wuhan su centro de trabajo, existía un laboratorio donde estudiaban los virus de la familia de coronavirus y que allí asistirían diariamente junto con Dana.

En eso, José Luis mi psicólogo, mediante un aplauso muy fuerte me despierta de mi concentración, lo miro sorprendido y él sonríe.

— Mira Manuel, ya tenemos en marcha lo que no podías recordar, te has remontado en el tiempo a tus recuerdos del año pasado.

Siguió contándome lo que expresé en estado hipnótico, entonces le afirmé que efectivamente  había conocido a Talía y a Dana en el estadio nacional en la inauguración de los Juegos Panamericanos Lima 19, ellas eran corresponsales de los juegos militares que realizarían en Wuhan en octubre v llegaron a Lima para vivir nuestra experiencia en julio. Me despedí de mi amigo José Luis y quedamos para el día siguiente y a la misma hora para una nueva sesión, en mi casa le conté lo sucedido a Emili, la cual se quedó asombrada de lo que  ocurrió.

Al día siguiente estando en el consultorio de José Luis.

— Hoy día dispongo de tiempo, si tu deseas Manuel, podemos trabajar hasta la noche -dijo José Luis-

— Por mí no hay problema, - le contesté- podemos trabajar hasta las ocho para conocer más y de una vez aclarar todo este dilema.

Minutos después, ya estaba en estado hipnótico y empecé a hablar.

Por esos días la comunicación con Talía y Dana era fluida, charlamos como era su rutina diaria,  me comentó que cerca al laboratorio quedaba un mercado  donde  se vendían  platos exóticos y raros;  muchas veces la comida la preparaban  a base de carne de animales silvestres o de otros animales  que allí mismo sacrificaban, pero era la costumbre  de la población la de comer ese tipo de carnes  de animales traídos  del campo, de lugares exóticos y salvajes, cazados  en sus habitas naturales, también  se vendía sopa de murciélagos.


Rodolfo Velazco Cervantes

Mi vida continuó  normal, era diciembre del 2019,  todos los días iba temprano al trabajo  y regresaba en el atardecer a casa, los fines de semana iba de paseo con Emili con mi hermano Celso y su esposa Eliza al campo,  una noche  viendo el noticiero  de un canal de televisión mi tranquilidad se alteró, informaron  a  fines de diciembre  del 2019, que un médico del hospital  de la Municipalidad de Wuhan en China,  había informado a las autoridades sanitarias de 27 casos de una extraña y nueva enfermedad,  que era desconocida  y tenía consecuencias muy graves, el primer caso  había  sucedido oficialmente para las autoridades chinas y para la OMS  el  08 de diciembre con una mujer  china de 61 años de edad, la noticia me  impresionó mucho, quise saber de mis amigas  y  calculé la hora de  Wuhan, allí eran las doce del día, la llamé y le comenté la noticia y  Talía me dijo que  había alguna información  que  el **17 de noviembre sería el primer caso de esta extraña  enfermedad,**  en  un hombre de 55 años de edad, le pedí que me informara  todo lo que podría  siempre y cuando  disponga de tiempo y así me fue informando hechos ocurridos  en China.

Para el 15 de diciembre eran 27 y para fines del mes eran 266 los contagiados, al día siguiente el primero de enero del 2020 aumentó a 381 casos.  Las autoridades chinas al conocer de la aparición de éste nuevo virus y determinar que era muy contagioso y de gran  letalidad, iniciaron la construcción de un hospital de campaña que según  las noticias mundiales  lo construyeron en diez días, el nuevo virus aun no tenía nombre pero por  la apariencia  lo compararon con el Sars Cov 1, virus que  apareció en los años 2002 y 2003  y cuya letalidad fue muy grande,  hubo más de ocho mil muertos en  27 países, con una



La Sospecha mi experiencia con Covid - 19

letalidad del 10 por ciento, por lo que lo denominaron Sars CoV 2, del mismo modo el Mers otro virus de la familia corona virus fue más letal que el Sars Cov 1, y que estuvo también en 27 países principalmente en Arabia Saudita, un virus proveniente del camello provocó 2500 muertos con una letalidad del 34 por ciento en el año 2012. Las noticias eran informadas por los noticieros de todo el mundo, me entró curiosidad por saber más de lo que estaba pasando en Wuhan ciudad china donde estaban mis dos amigas.

Mi amistad con Talía y Dana había crecido en confianza y le pedí a Talía me comunicara siempre lo que pasaba allá en China, acá en Perú nos preparábamos para el verano , llegaba tiempo de vacaciones para viajar, ir a la playa a descansar y disfrutar del mar y del calor, por medio de las comunicaciones el mundo estaba enlazado, conversaba con amigos de Argentina, con mi hermano Roberto en Nueva York, con Chachi de Barranquilla en Colombia y ahora con Talía y Dana en China, en un momento le dije a Talía que me diera algunas características de ese mercado de mariscos y otras especies de Wuhan, enviándome algunos de sus datos más importantes.

El mercado tiene una superficie de 50 mil metros cuadrados y queda al sur de la ciudad, es un mercado mojado, donde abunda el agua por los mismos servicios y alimentos que ofrece, mariscos, pescados y animales vivos, ubicado en el distrito urbano de Jiaghan en el cruce de las avenidas de Desarrollo de Hankou y la plaza de Xinhua, cerca de la estación de tren de Hankou, es el mayor mercado mayorista de mariscos de la región de China Central Meridional, con una inversión de 50 millones de yuanes, y atienden más mil puestos operativos, asimismo me indico: en este mercado también se venden animales de vida silvestre, los 27 enfermos detectados con el nuevo coronavirus tenían relación con el mercado mayorista de



Rodolfo Velazco Cervantes

mariscos del sur  de Whuan, el 1 de enero se constató que en el e mercado  el nivel de salubridad era muy malo, abundaban los cadáveres y restos de animales"

El 31 de diciembre  la Organización Mundial de la Salud, recibió la primera alerta del nuevo virus  y  el 05 de enero 2020, la OMS  reportaba  la  información  recibida  de  las  autoridades sanitarias de China  que manifestaban :    " Las autoridades chinas al conocer  la peligrosidad del nuevo virus,      inmediatamente tomaron  acciones,   el 31 de diciembre 2019,  informando a la OMS  en  China,    de varios casos de neumonía   de etiología desconocida detectados en la ciudad,    el  03  de  enero  2020 notificaron que había 44 casos, 11 casos estaban en estado grave y 33 en situación estable, el mercado del lugar donde se vendían especies vivas, mariscos y pescado sería el centro del contagio el cual fue cerrado el 1 de  enero 2020 para su saneamiento y desinfección ambiental.

Para el 13 de enero del 2020 la OMS   informó sobre el primer fallecimiento sucedido en China, muerte  ocurrida el 11 de enero,  causada por un virus de la familia de los coronavirus.

En forma paralela a los comunicados, los científicos chinos empezaron a estudiar al nuevo virus  en el laboratorio de Wuhan, el origen ancestral  del virus  más cercano  fue el BAT COV RATG13 aislado años antes  y que eran provenientes del murciélago de herradura  en la ciudad de Yunnan  al sur este de China. El hallazgo del nuevo coronavirus estaba muy relacionado al pangolín , una especie de mamíferos  salvajes decomisados  por la policía china  en las provincias de  Guangxi y Guangdong, animal que pudo ser  el huésped  intermedio, entre el virus del murciélago   y el humano."

Las autoridades sanitarias chinas,  al conocer la peligrosidad del nuevo virus,  inmediatamente  tomaron acciones,  para ello dispusieron el aislamiento total de  la región, así  determinaron  que a partir  del 23 de enero,  al menos cinco ciudades chinas  ubicadas en el área central de este país,  donde viven más de 20 millones de habitantes,  serían puestos en cuarentena para evitar la propagación  del nuevo virus descubierto,  las ciudades de Huanggang, Ezho, Zhijiang y Chibi previendo, que los contagios  llegarían a  decenas de miles, empezaron a construir hospitales  de emergencia" Estos  eran los whats app, que me enviaba Talía  inter diariamente.

Durante el mes de  febrero, en Arequipa llovía intensamente, el clima  estaba horrible  era un año  de abundantes lluvias torrenciales, lo que más deseaba  por esos días era salir de vacaciones  y viajar  a algún lugar, imaginé  que tal vez  en el futuro podría  viajar a la China,  conocer  sus fabulosas ciudades,  conocer a  la familia  de mi amiga Talía, la cual  no dejaba  de  enviarme  sus noticias.

Todos, autoridades y  habitantes de la región Hubei están preocupados porque el brote de una  enfermedad nueva a invadido la ciudad de Wuhan  y  pueblos aledaños, la ciudad cuenta con once millones de habitantes,  se les había comunicado  que permanezcan en su ciudad quedando inmovilizados en sus domicilios, grupos de voluntarios  asistirían a los confinados llevando medicamentos y alimentos, por lo que se suspendió el transporte público de pasajeros, ordenaron cerrar los centros recreativos así como cines y cafés, muchos habitantes se encontraron varados en los  caminos entre sus domicilios y sus centros laborales.



Rodolfo Velazco Cervantes

Al enterarme de esto, me comuniqué con  Talía, la cual me dijo que realmente estaban  pasando   cosas   nunca imaginadas y que   ellas estaban muy  asustadas y sorprendidas por los casos encontrados, que algún día   cuando tuviera tiempo me comunicaría  de todos los sucesos   que  estaban ocurriendo en China y que   se darían a conocer y paralizarían a todo el mundo.  En ese momento no le entendí bien,  pensé que estaba nerviosa por    las noticias y miedos  provocados por un virus nuevo, desconocido que era contagios y  letal, también imagine estar allí y empecé a  anotar.

China  es  una  súper  potencia,  una  crisis  sanitaria  y contagiosa en ese país  sería catastrófica para todo el mundo, la traería   abajo y la destruiría en poco tiempo, ya que China tiene más de 4 mil 700 millones de habitantes, el contagio del virus era exponencial, habría días que los contagios serian decenas de miles,  como no tomar  todas la medidas  correspondientes, además China  es en economía una de las primeras potencias mundiales, con su producción diaria  llena los hogares de todo el mundo con sus  distintos productos, es la nación  abastecedora de bienes de todo el planeta,  su  economía crecía   al ritmo de más del 5 por ciento anual, detener un mes su ritmo de  crecimiento no estaban dentro de sus planes  y sus ambiciones   eran el ser la primera y única potencia, dejando a sus  posibles   contrincantes muy  atrás de su desarrollo.

— Bueno  -escuché la voz de José Luis-  háblanos sobre tu amiga Talía.

Dejé de llamar a Talía por un  buen tiempo,  pues  mis ocupaciones como  jefe de contabilidad en mi trabajo me tenían muy ocupado, debía presentar  varios informes y realizar  todo el trabajo  contable, formular los estados financieros  anuales , calcular impuestos, hacer notas e informes financieros arqueos de caja, conciliaciones bancarias, inventarios y almacenes y un sinfín  de trabajos al cierre del ejercicio,   diciembre, enero y febrero  son los meses de  intenso trabajo para un contador  y así lo hice, además estábamos  empezando el verano  y tenía que disponer de tiempo para compartir con la familia.

Poco después, escuché decir a mis compañeros de trabajo que   las autoridades chinas al conocer la peligrosidad del nuevo virus, inmediatamente   tomaron acciones, para ello dispusieron el aislamiento total de la región, decretando una cuarentena total en la provincia de Hubei la cual   se inició el 23 de enero del 2020 hasta el 08 de abril del 2020.

— Manuel –me habló José Luis    ¿Continuaste con la comunicación con Talía ?

A partir de los primeros días de febrero del año 2020, dejé de comunicarme con mis amigas, decidí ponerme a escribir unas notas sobre  el nuevo coronavirus, anotaciones que tal vez algún día en el futuro servirían para conocer este tiempo de crisis que empezó a sufrir la humanidad, pensé que un día  podría escribir una obra completa al terminar   la crisis.

En ese momento el psicólogo me despertó de la hipnosis.

— Como has estado contando de unas notas ¿Tienes aún esas notas que escribiste? –preguntó José Luis- y agregó: mañana vas a traerlas, como prueba de lo que sucedió.

— Si las tengo anotadas y las guardé en un gavetero, las traeré mañana-le dije resuelto.

Ya eran las nueve de la noche y nos alistamos para marcharnos del lugar, al despedirnos José Luis me indica que mejor dejemos las notas para el lunes, puesto que mañana es domingo y es un día para pasarlo con la familia y entonces quedamos para vernos el lunes a las nueve de la mañana.

Llegué a casa contento, poco a poco se iba descubriendo el misterioso mensaje, le conté todo lo ocurrido en el consultorio a Emili, le pedí que el día domingo me dejara un tiempo para buscar las notas que escribí en febrero y marzo antes del viaje a Lima. El lunes a la hora acordada estuve en el consultorio de mi psicólogo, le entregué las notas y se puso a leer.

Enero del 2020: ya habían un total de  85 659 casos confirmados  y 4 634 fallecidos, el 25 de enero,  China ordena medidas nacionales; toda la provincia de Hubei  con 56 millones de habitantes quedó aislada,   un día después quedaron suspendidos los viajes internacionales, el 27 de enero ocurre el primer muerto en Pekín.

Para fines   de enero se produce la evacuación de extranjeros en China, el 31 de enero, ocurren 43 fallecimientos en un solo día en China, el 02 de febrero la ciudad de Wenzhu con 9 millones habitantes entra en confinamiento, el Banco Central de China, anuncia un egreso de 156 millones de euros para los gastos que demandaría la epidemia.

<u>**Expansión del Virus**</u>

Mientras China afrontaba la epidemia en su país, los contagios ya habían trascendido sus fronteras; el 08 de enero Tailandia reportó por primera vez un caso fuera de China, antes hubo otro caso en Francia el 27 de diciembre 2019, pero que no fue confirmado, otros países del continente asiático sufren de la invasión y la propagación del nuevo coronavirus, Japón reporta su primer caso el 16 de enero, Corea del Sur tiene como fecha de su primer caso el 20 de enero, un ciudadano chino proveniente de Wuhan; Taiwán fecha el 21 de enero, igualmente con un ciudadano chino proveniente de la ciudad de Wuhan, Macao reporta su primer caso el 22 de Enero, con un ciudadano proveniente de Wuhan, Hong Kong experimenta su primer caso el día 22 de enero con 2 personas que llegaron de Wuhan.

Singapur tiene como fecha de su primer caso de nuevo coronavirus el 23 de enero con un ciudadano chino que venía de Wuhan; Vietnam también experimenta el primer caso de una persona contagiada del nuevo coronavirus el 23 de enero con dos ciudadanos chinos que llegaron de Wuhan, Nepal registra su primer caso de un turista nacional el 24 de enero el cual llego de la ciudad de Wuhan; Malasia presenta su primer caso con el sars cov 2, o nuevo coronavirus el 25 de enero detectados en tres ciudadanos chinos provenientes de Singapur; Camboya registra su primer caso de contagio el 27 de enero en un ciudadano chino proveniente de Wuhan; Sri Lanka también presenta su primer caso de coronavirus el 27 de enero, detectada en una ciudadana china que llegaba de la ciudad de Wuhan, Filipinas presento su primer caso el 30 de Enero una ciudadana china en Manila, proveniente de Hong Kong.

En resumen fueron los ciudadanos chinos que     viajaron a distintos lugares  durante   el mes de  enero los que llevaron el Sars CoV2  a dichos países. A  esa fecha, fines de marzo, China había confirmado más de 81667 casos y 3285 muertos, con una tasa de letalidad de 4.02 por ciento.

En India, el primer caso se dio el 30 de enero, un turista nacional que llegó a Kerala proveniente de Wuhan   estaba contagiado del virus, el Gobierno emitió un mensaje para Wuhan donde 500 estudiantes de medicina, serian repatriados, además todos los pasajeros llegados desde China tenían que pasar un control, el 24 de enero se dieron los dos primeros casos sospechosos, tratados en Bombay.

Todas las situaciones de urgencia que vivía el país, obligarían al gobierno hindú a través del primer ministro Narendra Modi, que se tendría que dictaminar en India un estado de emergencia para la totalidad de sus habitantes que serían 1 300 millones, tenían que hacer el confinamiento en sus casas, se planeaba iniciar una cuarentena de 21 días.

El nuevo coronavirus se extendió por todos los países del mundo, luego que se originara en la ciudad de Wuhan, los turistas que estuvieron en esa ciudad se encargaron de transportar al virus hacia otros países de Asia y de Europa, de este continente fueron transportados a América, en especial a Latinoamérica, también a África y a Oceanía.

— Eres bueno en escribir notas, -me dijo José Luis-  como has podido recolectar tan valiosa información, a veces escuchamos por las noticias, pero las olvidamos, sin embargo, estas notas escritas quedan y nos informan   de lo que ocurrió así pase el tiempo.

— Efectivamente-le dije- a mí me gusta mucho escribir, lee lo que pasó en Europa.

Continuó leyendo las notas

Francia, la extensión del contagio del virus  llegó a Europa, se conoce que el primer caso no confirmado    corresponde a Francia, sucedido  el 27 de diciembre  del 2019,  sin embargo el primer caso confirmado  refiere al  24 de enero del 2020,  un ciudadano francés  de 48 años  que llegó desde China y se instaló en la ciudad de  Burdeos, otros dos casos confirmados ocurrieron en París ese mismo día pero en la noche, ambos  ciudadanos llegaban desde China,   el 28  de enero  del 2020, otros  dos ciudadanos chinos también estaban contagiados del virus,  el 30 de enero se anuncia el sexto caso en suelo francés, en tan solo una semana  se habían detectado  seis casos  confirmados,  lo que produjo una alarma en las autoridades sanitarias francesas.

El 14 febrero  se da  el segundo caso de  muerte  en Europa, el fallecimiento de un ciudadano chino de 80 años de edad,  a finales de enero, el Instituto Pasteur en París  logra cultivar cepas del virus,  con la intención  de lograr  un estudio más definido del virus. Posteriormente el gobierno a cargo de su presidente Emmanuel Macron  hace la declaración de emergencia del país, el 16 de marzo del 2020, con el cierre nacional  a partir  del día siguiente.

Italia, los primeros casos se confirmaron en Italia el 31 de enero 2020,   cuando dos  turistas  chinos en la ciudad de Roma



Rodolfo Velazco Cervantes

dieron positivo al Sars Cov2, una semana después un ciudadano italiano repatriado desde China  fue hospitalizado y dio positivo a la prueba del nuevo coronavirus, siendo el tercer caso en el país, posteriormente en la tercera y cuarta semana se confirmaron una serie  de casos en la región de  Lombardía al norte de Italia.

El primer ministro italiano, Giuseppe Conte,  dispuso  la cuarentena  para el país el 21 de febrero del 2020, en 11 municipios  y el 08 de marzo en  26 provincias; a principios de marzo,  el brote de Covid 19   golpeó a este país más que a ninguno otro, al 02 de marzo los contagiados llegaron a ser más de  2000 y los muertos 52.

Los municipios del norte   fueron identificados   como los epicentros   del contagio, el 08 de marzo se puso en cuarentena a mas de 14 millones de habitantes  en las provincias del norte y poco después a todo el   país  60 millones de habitantes, el turismo, principal actividad   del país  se vería afectada ya que corresponde el  13 por ciento del producto bruto interno, Italia destinó 3600 millones  de euros para frenar  el impacto del virus, hasta marzo Italia era el país con más muertes en el mundo, sumaban 34 767 fallecidos,  un estudio  en tres municipios de Italia indican  que el número de muertes puede ser cuatro veces mayor , el número de contagios en marzo era 74 386 y muertos 7503, teniendo una tasa de  letalidad alarmante de 10.08 por ciento, situación que alarmó al mundo.

España, a fines de enero, el país define los criterios que debe cumplir un enfermo para hacerle la prueba, haber estado en China o en contacto con personas que hayan dado positivo, durante el mes de febrero se dan una serie de casos  en diferentes comunidades españolas, ante la extensión de los contagios y la enfermedad el Ministerio de Sanidad autoriza realizar la prueba a todo paciente ingresado por neumonía de origen desconocido.

El primer positivo detectado en territorio español se dio el 31 de enero, en La Gomera, Islas Canarias, corresponde a un turista alemán ingresado en el hospital Universitario de la ciudad; en febrero se confirma un segundo caso, un turista británico, en Palma de Mallorca Islas Baleares, al parecer dicha persona se contagió en Los Alpes, cuando fue de excursión con otros turistas británicos. Tras el brote de Covid 19 en Italia,  un médico  que estuvo en la región de Lombardía,  se encontraba de vacaciones  en Tenerife y dio  positivo,  otros turistas que durante el mes  de febrero regresaron de  Italia, casi todos estaban contagiados.

Posteriormente en las diferentes regiones españolas se detectaron diversidad de contagios, a mediados de febrero en Milán – Italia- se celebró un partido de futbol, asistiendo a dicho evento un gran grupo de aficionados regresando a España, parece ser que ese fue un factor incidente en la propagación del virus en España.  El 13 de febrero en la comunidad valenciana tras una necropsia se confirma que un hombre fallecido el 13 estaba infectado de coronavirus, el cual fue infectado en un viaje a Nepal, fue el primer caso de muerte ocasionado por coronavirus en territorio europeo.

Un mes después, el 12 de marzo el presidente del Gobierno Pedro Sánchez anuncia un plan de choque para frenar el impacto



Rodolfo Velazco Cervantes

del virus y recomienda a las comunidades autónomas el cierre de sus centros educativos, 9.5 millones de estudiantes no asistirían a sus centros educativos por dos semanas, el 14 de marzo, el gobierno anuncia entrar al estado de alarma a partir del 14 de marzo por 15 días.

Reino Unido, el  31 de enero del 2020,  se confirmó el caso de  2 turistas nacionales en la ciudad de York  en Inglaterra,  tan pronto conocieron los casos las autoridades    realizaron una campaña  de salud pública,  como prevenir y detectar  el virus, así  como el  control   de infecciones y diagnosticar el Covid 19, desarrolló  un prototipo de prueba  de laboratorio  tras el anuncio de la Organización Mundial de  la Salud el 30 de enero   como una emergencia de salud pública a nivel internacional

El 09 de febrero se confirma que una cuarta persona ha dado positivo, posiblemente  fue  contagiado  en  Francia,  en  los siguientes días se dan otros casos, en personas que estuvieron en contacto con el paciente detectado, el 11 de febrero, un noveno caso fue detectado en Londres

Para el 1 de marzo se habían detectado   casos en Inglaterra, Gales,  Irlanda del Norte y Escocia; el Primer Ministro   Boris Johnson  dio a conocer un plan  de acción  de Coronavirus, el 11 de marzo del 2020 la OMS  declaró el brote  por los alarmantes niveles de propagación  y por la gravedad determina  a la enfermedad Covid 19 como una pandemia, el 18 de marzo dispusieron  el  cierre  de  escuelas,  y  se  recomendaba  el distanciamiento social, el 27 de marzo el  primer ministro dio positivo  al test, se pronosticó que un confinamiento total daría un golpe muy fuerte a la economía de  Reino Unido.

El 17 de marzo se pondrían 330 mil millones de libras esterlinas en garantías de préstamos para empresas afectadas, el 20 de marzo  se cerraron bares, restaurantes gimnasios y otros lugares de asistencia pública. A la fecha noviembre del 2020  el Reino Unido tiene 1 369 318 positivos y  51 934  fallecidos, la tasa de letalidad es  3.79 por ciento

Alemania, el virus llegó a Alemania el 27 de enero 2020, cuando se confirmó el primer caso en  Baviera, siendo el  primer caso  en Europa, el enfermo era un hombre de 33 años contagiado por una colega de trabajo  que llegó de Milán – Italia- y estuvo en Alemania 4 días, posteriormente los contagios se multiplicaron teniendo como  origen  la sede de  Webasto , nuevos grupos  de viajeros provenientes  de Italia, China e Irán dieron positivo al virus.

Desde el 13 de marzo, la canciller  Ángela Merkel y su equipo dispusieron el cierre de colegios y jardines de infantes, y prohibiendo la visita a hogares de ancianos, los días 25 y 26 de febrero se detectaron   múltiples casos en la localidad de Baden-Wurttemberg, Renania del Norte-Westfalia y Renania-Palatinado, otro grupo estuvo en  Heinsbergal  el  13 de marzo solo había 8 fallecidos  con la tasa  de mortalidad más baja comparada con la de Italia que tenía 9.2  por ciento y España 6.2 por ciento;  el Instituto  Robert Koch manifestó que su conteos cumplen con los estándares  de la OMS, la baja  tasa de mortalidad   se relaciona con el número de pruebas tomadas a la población  de acuerdo a lo que manifestó  el director general de la  OMS Tedros Adhanom  quien dijo que no se puede combatir el virus  sino se conoce  dónde está.



Rodolfo Velazco Cervantes

En Alemania se creó un Comité permanente de vigilancia instalado desde el 06 de enero Alemania al 20 de marzo realizó 160 mil exámenes por semana, mientras otros países colindantes solo hicieron la tercera y quinta parte. El impacto económico se contrajo un 2,2 por ciento durante el primer trimestre, medio millón de empresas tenían a sus trabajadores en una jornada reducida, similar a Francia e Inglaterra, en abril y mayo   80 mil trabajadores europeos orientales ingresaron para las cosechas de alimentos, en abril un comunicado de prensa del gobierno predijo una disminución del 6.3 por ciento del producto bruto interno en el 2020. En la actualidad Alemania cuenta con 804 546 positivos y 12 706 muertes, la tasa de letalidad es 1.57 por ciento.

Rusia, Los primeros casos en Rusia se detectaron  el 31 de enero en las ciudades de  Tiumén  y Chitá - Zabaikalie-   en ambos casos eran dos ciudadanos chinos que se recuperaron prontamente, el 23 de febrero  ocho ciudadanos rusos   dieron positivo y fueron hospitalizados,  todos fueron dados de alta el 8 de marzo, en febrero  un ruso en Azerbaiyán  después de visitar Irán  dio positivo.

Las medidas de prevención en Rusia estaban a cargo de su presidente Vladimir Putin y su equipo de asesores, las primeras medidas fueron las   destinadas a la restricción  del tránsito  en la frontera con China y hacer pruebas exhaustivas,  la infección  en Rusia provinieron desde   Italia, el 21 de febrero un joven llegó de Italia con el virus , fue hospitalizado y recuperado, otro caso se detectó  el 5 de marzo en San Petersburgo, un estudiante italiano   regreso de su país   a Rusia el 29 de   febrero, fue hospitalizado el 2 de  marzo y se recuperó el 13,    también se dieron otros casos ,   el 6 de marzo  se confirmaron seis  casos más cinco en  Moscú y uno en  Novgorod.

El 2 de marzo el gobierno ruso, toma medidas adicionales como    cancelar eventos cerrar escuelas, teatros, y museos y cierre de fronteras hasta el 11 de mayo, los municipios de las principales ciudades rusas hacen desinfección de las calles y avenidas de las ciudades, en el mes de marzo Rusia envió ayuda médica a Italia.

Hoy es 14 de marzo del 2020 y anoto: Otros países de Europa, Bélgica con gran número de muertos, con tasa de letalidad de 2,69 por ciento Países Bajos, Suecia, Finlandia, Dinamarca, Portugal entre otros    también fueron afectados, tuvieron confinamientos parciales y    también    tomaron algunas medidas restrictivas indicadas por la OMS.  Los países de Europa del este también   sufrieron de contagios por la nueva corona virus, pero en menor escala.

Hecho el  análisis   de los hechos ocurridos hasta el momento,  puedo concluir que  en los meses de enero, febrero y marzo, el mundo occidental   ha sido   sorprendido por   la aparición del nuevo coronavirus,   a todos nos cogió   por sorpresa, la ciencia no sabe  cómo actuar frente a un enemigo microscópico, la ciencia médica no tiene procedimientos ni medicinas  para curar a los enfermos, las personas contagiadas y que sufren de Covid 19  prontamente se agravaban   sin poder hacer algo por ellos.

La situación de Italia es sorprendente, el sistema de salud ha colapsado al no contar con hospitales ni camas  necesarias para atender a tantos positivos al virus,  los médicos y el personal sanitario    es insuficiente y existen casos que   se deben preferenciar salvar a uno o dejar morir a otro, son los ancianos con morbilidades los que están muriendo.

El grito y dolor de Italia por el mundo es el que ha llamado la atención, tras Italia se encuentra España, que también viene sufriendo el embate del virus y prontamente el continente americano sufrirá sus ataques y consecuencias, igual sucederá con el resto del mundo. Para marzo del 2020, el mundo conoce de los miles de fallecidos en Italia, en especial los adultos mayores, por eso es que los gobiernos ya han tomado  medidas restrictivas, como la de recomendar y hasta obligar a que la gente no salga de sus casas para evitar los contagios, tal acción determinará la paralización de las actividades económicas por varios meses, el mundo de pronto se está paralizando, el mundo está aterrado.

Esas son las notas que escribí- le dije a José Luis- lee la última nota, fue justo la noche anterior al viaje que realizamos con Emili en marzo del presente año.

"Mañana 17 de marzo del 2020, viajaremos a Lima, hoy día el gobierno peruano, decretó el estado de emergencia en nuestro país, tenemos un viaje para Sao Paolo espero que la situación actual no sea un impedimento para viajar, ya que me siento muy cansado y quisiera   viajar con Emili para conocer las playas de Copacabana en Rio de Janeiro".

Terminada la sesión invité a José Luis a almorzar en un bonito restaurante de la ciudad, para ese momento me sentía más aliviado, por la tarde en mi casa me puse a descansar, sin embargo, en la noche no pude dormir, a eso de las once me levanté y escribí la siguiente nota.

Hoy es Cuatro de Noviembre del 2020: Los días han pasado, hace un mes y una semana que salí del hospital , al escribir la presente historia lo hago con esa intención, de cumplir lo que prometí la noche que regresé a casa, cuando estuve en mi cuarto echado en mi cama y escuchaba música relajante, en esos momentos todavía no estaba sano del todo, en mi pecho todavía sentía tos, pero mi cabeza estaba peor, en mi mente estaban los recuerdos de unos sueños raros, unas pesadillas que las sentí los días que permanecí en el hospital.

Esa noche que llegué del hospital, no me sentía yo mismo, estaba mareado, mi cabeza y mi mente no eran mías, no sé si aparte de los medicamentos para mi neumonía me dieron otros en el hospital, pero en esos días sentí cambios en mi mente, quizás los virus del Sars CoV 2, todavía permanecían vivos en mi cerebro, pero estaban allí, los sentí y me decían cosas inimaginables, eran como las voces de Talía y Dana, como que si por medio de esos virus en el cerebro, ellas estuvieran presentes en sus últimos alientos de vida, querían comunicarse conmigo y parece que así lo hicieron, yo no sabía porqué, esos días jueves y viernes durante todas las veces que me echaba a descansar y a dormir, se aparecían en mis sueños, el cerebro descansaba pero otra parte estaba activo, ellas aparecían para comunicarse conmigo.

Al día siguiente por la tarde acudí nuevamente al psicólogo, luego de los protocolos acostumbrados, José Luis empezó a gravar en su celular como siempre la hipnosis.

# Conversaciones con Talia

Es jueves 24 de setiembre,  ese día me encontraba en mi cama del hospital Rebagliati,  pasé largas horas  observando las ventanas  de la habitación 237, pensaba que   en la noche sentiría frio  puesto que    esa parte superior de las ventanas eran muy altas y no se podían cerrar, en ese temor y creencia   me abrigué con dos frazadas  más, esa noche   al igual que las anteriores fue muy pesada,  si bien es cierto,    sentía una mejoría en mi tos y en mi pecho sentía unas sensaciones raras y nuevas en mi mente, la idea que el ciclo   del virus  ya  se había acabado  lo tenía bien presente,  era día 24 y  yo me contagié el 07, habían transcurrido 17 días, por esa parte  ese pensamiento y seguridad  me ayudaba a sentirme mejor.

Me acosté, a eso de las nueve o diez de la noche, ese día sentí mucha impresión por el paciente de  a lado y todo el trajín que se desplegó en los pasillos del hospital   durante el día, recuerdo que desperté sudando copiosamente a las cuatro de la mañana,  mi mente estaba aturdida, soñé con algo pero no recordaba con qué, pero hoy lo tengo muy claro, esa noche del jueves,   se me presentó Talía,  hermosa y fina como siempre, empezó a decirme que  el día  que  me remitió un  mensaje diciéndome que   en Wuhan    todos andaban preocupados por la nueva enfermedad (motivo por lo que   dejamos de comunicarnos) esa noche había pasado algo sorprendente, que me contaría posteriormente.

— Antes de todo, te diré Manuel que he estado contigo en tres noches anteriores, la primera vez, la noche del domingo 20 de setiembre.

— Aquella noche cuando me sentí tan mal, aún no la comprendía, mi mente no estaba bien, solo recordaba que ella  había estado en Wuhan todo ese tiempo, en el lugar del origen del virus, en los meses de diciembre, enero y febrero, quería que empiece a contarme que sucedió desde esa fecha y desde ese lugar para poder entender bien lo que estaba pasando.

— Talía, ahora estoy muy confundido, no entiendo  nada, creo que estoy para volverme loco, mira a lado mío en la otra habitación hay un paciente que delira todo el día, me da miedo, no quisiera estar como él. -le manifesté.

— No,  no temas Manuel,  soy Talía  en persona, para que entiendas todo,  empezaré  a contarte todo lo que pasó desde el día que nos despedimos acá en Lima.

— Si por favor, porque  así sorprendido me siento muy mal, cuéntame todo, para sentirme mejor. – imploré.

Talía se sentó en un lado de la cama y con voz tranquila pasó a contarme, situaciones que yo desconocía.

— Cuando llegamos a  Wuhan,  el 30 de julio del 2019, llevamos  con  nosotras  toda  la  información  que obtuvimos acá   y  muchas gracias por el apoyo y orientación  que  nos  diste,  siempre  te  estamos reconocidas  -continuó  hablando-  estando  allí, informamos  y  mostramos  los  videos   a  los  jefes del comité olímpico para los juegos militares,  la intención de todo nuestro país era el zanjar  cualquier signo de malicia o mala interpretación,  nuestros juegos tenían la voluntad de  hacer la amistad con todos los países del mundo, el lema era: "Compartir la amistad, construir la paz".

— Tú sabes que en el  mes de mayo,  surgieron controversias entre  China, mi país  y  los Estados Unidos,  por  el recelo de  los Estados Unidos  en implementar la tecnología de 5G  por medio de nuestra empresa Huawei - continuó hablando Talía- nos subieron los aranceles en más de  22 mil millones de dólares  a lo que nos acogimos, lo importante era  seguir manteniendo buenas relaciones comerciales con ese país, asimismo ellos  no se daban cuenta que  al  suprimir nuestras ventas,  e impedir el libre comercio, se perjudicaban también  puesto que  nosotros les compramos  millones de chips y otros  aditamentos para fabricar nuestros aparatos celulares,  no obstante  las tensiones  en un tiempo aumentaron  hasta llegar a amenazas con suprimir nuestras relaciones internacionales.

— Con el paso del tiempo en hora buena, los problemas se han solucionado, -continuó hablando Talía- Todos en el mundo queríamos la paz y la tranquilidad y esa es la voluntad del pueblo chino.  Las olimpiadas deportivas militares fueron una ocasión para demostrar fraternidad entre los militares, sin embargo, siempre existe el recelo en algunas personas y  el afán de  demostrar ser el mejor, el querer ganar las competencias y lo logramos,



La Sospecha mi experiencia con Covid - 19

porque nuestros atletas militares se prepararon constantemente, sabíamos que los rivales eran muy duros, también existen personas malas, negativas, tramposas que deseaban ganar haciendo trampa.

— Si eso es verdad. Lo sé por mi hijo deportista, sé que existen mafias e intereses - hablé.

— Bien, - Continuó hablando Talía.

— Preparamos toda la infraestructura necesaria, los escenarios de las competencias, la villa olímpica lugar donde se hospedarían, los voluntarios que apoyarían a que el evento se desarrolle en normalidad y en calidad, los medios de comunicación televisada, radial y escrita, que difundirían al mundo en el momento y en el lugar de las competiciones, pero también había quien quería que de todas maneras China sea la campeona de estos juegos deportivos. El personal médico cumplió con las pruebas anti doping, asistieron a todos los atletas que requerían una revisión médica.

— Seguro te has enterado Manuel, -poniéndose seria- que existe un comentario de una atleta francesa que intervino en los juegos olímpicos militares, que manifestó que ella supone que contrajo la nueva enfermedad ya en octubre cuando estuvo en la villa olímpica, y eso sucedió no solo a ella sino también a otros deportistas de esa delegación.

— Si, me he enterado y eso llama a cuestionamientos, ¿será posible? Sé que hay juego sucio, en algunas personas que para ganar dañan al rival, eso sucede con


Rodolfo Velazco Cervantes

nuestros futbolistas, para disminuir al equipo contrario
- agregué.

— Lo que te estoy contando son cosas casi secretas, nadie lo
sabe, pero si es cierto, como integrante del equipo, me
enteré que querían que se enfermen los rivales para que
estén disminuidos en las competencias, hubo intentos de
usar algunas drogas, pero finalmente no se dio, lo que
narra la atleta francesa quizás nunca se sabrá, si fue cierto
o no, para eso existe un fuerte hermetismo que ni
nosotras lo sabemos.

— Terminadas las olimpiadas nos dieron vacaciones, yo
viajé a Cantón, la ciudad donde nacieron mis ancestros
chinos, Dana viajó a Dinamarca y a Ghana, para visitar a
sus familiares, luego nos reencontramos   al terminar
nuestras vacaciones. Nos designaron a trabajar en los
resultados   de análisis   hechos a los deportistas en las
olimpiadas   e íbamos a obtener   tal información en el
laboratorio que quedaba muy cerca al mercado de
mariscos, pescado y   animales vivos   de la ciudad. Sin
desearlo pasábamos   a   pie   por   allí   en   varias
oportunidades, el mercado   es una zona de comercio
muy movido, el personal que atiende  son personas   que
llevan   muchos años trabajando allí, no es un mercado
que se haya modernizado ni se cumplen con todas las
normas  sanitarias deseadas.

— A   ese mercado   concurren   todo tipo de personas,
existen   lugares donde expenden comidas,   como   lo

ocurre en cualquier mercado  en  tu país, o en cualquier mercado del  mundo, en China existen también las tradiciones,  legados  milenarios  por  muchísimas generaciones,  también hay creencias que  al contactar con la naturaleza se hacían más fuertes  y se acostumbra a  comer  cosas  naturales  traídas  del  campo,  nuevas especies, de otro lado,  la economía  repercute en las formas  de  vivir  de  los  ciudadanos,  existe  gente  con mucho dinero que  quiere comer platos  desconocidos, existe otra gente que  desea probar  nuevos alimentos, hierbas  y  animales  silvestres,  comidas  exóticas,  hay gente  que  desea  comer  carnes  de  animales  salvajes o silvestres,  las  últimas  noticias  que informaban  los medios  de  comunicación  decían que  el nuevo virus que estaba  causando  la  nueva  enfermedad   tenía  mucha similitud  al virus que  habitan en los murciélagos  por lo  que   se  sabe  dicho  virus  habita  en  forma  natural en esos  animales,  son  mamíferos  que abundan  por miles, los  cuales  viven  en  cuevas   muy  lejos  del  habitad natural del hombre.

— Y ¿cómo es que  pudo pasar del murciélago al hombre? - le pregunté.

— En el mundo existen  cientos de interrogantes, que aún la humanidad no lo sabe, en biología,  existe la rama de la virología, estos científicos  han creado teorías que los murciélagos  salen en las noches a  alimentarse  de insectos y otros animales pequeños, a veces también se alimentan de  sangre de  vacunos,  duermen de cabeza , es decir con la boca abajo  y cogido de  las patas a las ramas de los  árboles o en las cuevas donde viven, durante ese sueño,  los pulmones de  los  murciélagos respiran libremente, mientras descansan  hacen sus heces


Rodolfo Velazco Cervantes

en la hierba del campo,  algunos animales salvajes o silvestres  pasan por allí y se  alimentan de  hojas defecadas por  los murciélagos y  es allí    que posiblemente  sean transferidos los  virus a   estos animales,  como los pangolines,  los que son  cazados por los hombres  en forma  furtiva, los animales cazados son   vendidos en el mercado de Wuhan  y  existen personas que  comen   estos animales,  incluso hay personas que  creen que comer  sopa de murciélago es bueno para  los pulmones.


— Es allí  que se  dio el  salto zoonótico,  primero del murciélago, luego a un intermediario, que podría ser el pangolín  y de  allí al humano, el virus al ser  muy contagioso  pasa de humano a humano y el contagio es en forma exponencial, es por eso,  que en días   el contagio es múltiple,  son las personas que   lo transportan  entre los continentes, hoy en día que  los   viajes aéreos suman más de doce  millones de pasajeros al día, el virus se ha extendido  por todo lugar.

— Mira  Manuel, hoy es jueves  y ya  es de  madrugada, pronto personal sanitario vendrá a verte y  yo debo irme, te prometo regresar  mañana por la noche  para  contarte lo último  que sucedió  y cuáles fueron los motivos   por los que    nunca más nos volvimos a comunicar  desde aquel día   que nos mensajeamos por celular.



La Sospecha mi experiencia con Covid - 19

Unos segundos después observé que Talía abandonaba la habitación, mi mente no estaba bien clara, abrí los ojos y desperté esa madrugada sudando copiosamente, mi mente estaba perturbada, no sabía si soñé realmente con ella o todo fue producto de mi imaginación, también estaba confundido por otros sueños, al despertar bien me había olvidado de que soñé con Talía.

— Tu relato está muy interesante - habló el psicólogo- sigue contando que pasó al día siguiente.

— Al día siguiente, viernes 25, todo transcurrió con normalidad, no obstante en mi cabeza estaba algo que no me dejó tranquilo todo el día, llegó la noche me acosté normalmente, fue la noche que sentí cólera porque la enfermera no regresó a tiempo, después que me cerró la llave la enfermera me dormí hasta el amanecer y soñé nuevamente con alguien; al despertar no recordaba plenamente con que, sin embargo hoy si lo recuerdo, luego que mi cerebro se durmió, empecé a soñar , otra vez con Talía, la cual vino a mi habitación.

— Hola Manuel - me dijo Talía sonriendo- ya vez he vuelto.

— ¡Hola Talía! - la saludé admirado-, si has vuelto, espero que hoy me termines de contar todo lo sucedido, desde ese día hasta hoy -le dije animadamente.

— Mira, tal vez sea la última vez que me veas y yo a ti, te contaré detalladamente todo -habló en forma muy triste Talía.

— Cuando retornamos al trabajo, pasábamos  por el mercado de Wuhan,  aquel lugar  donde se originó  el virus  que ocasionó  posteriormente  la pandemia  en Wuhan y luego en todo el mundo, nuestra labor  era la de recopilar información  en el laboratorio,  el trabajo se tornó pesado,  y peligroso, porque  en el laboratorio químico  existen muchos virus almacenados, y  con un descuido se puede  desencadenar una tragedia.


— Un día, pudimos  enterarnos que existían  varios tipos de virus de la familia de coronavirus, que los estaban examinando, para ello  el virus  nuevo ya  se había extendido por toda la provincia de Hubei,  nos prohibieron  que ingresáramos al trabajo  y por lo tanto al laboratorio, ya mucha gente  estaba  empezando a ser aislada,  no imaginas  todo el despliegue de esfuerzos  y trabajos  que se presentaron  en la ciudad, decisiones por parte de  las autoridades, cuestionamientos  en la gente y  en el personal sanitario de los hospitales,  además todos los ciudadanos estaban asustados  aún más  los médicos y enfermeras, todos temían morir  en forma rápida  y  desconocida, el terror se apoderó de todos  y sobre nosotras que  habíamos estado allí, también nos enteramos del rumor de  mucha gente que decía que  el virus había sido creado en un laboratorio en  forma intencional, pero  nosotras sabíamos que no era verdad, los rumores  eran muy grandes  sobre todo en países de occidente,  lo mezclaban con los problemas  itinerantes de la nueva tecnología 5G, aún a pesar de las comunicaciones  tenemos otros impedimentos que nos separan con occidente es la distancia geográfica  y el idioma.


— Los científicos asiáticos  trataron de descubrir el genoma del virus y la forma como curar a los enfermos pero no había  cura ni medicamento capaz de hacerlo,  pero si trataron de estudiar  su patología, los síntomas,  la forma como prevenirlo, de otra parte en occidente  empezaron a darse los primeros contagios, la gente igualmente  entró en pánico, lo cierto es que el virus atacaba en forma radical a los contagiados  en especial  a las personas que estaban  delicadas del  aparato respiratorio,  tu sabes que los ancianos,  son los que  sufren de muchas morbilidades su sistema inmune está debilitado, muchos sufren  de hipertensión, lo que inflama las vías respiratorias, otros sufren  de diabetes lo cual  hace que en su torrente sanguíneo abunde  el azúcar,  aparte  también sufren de exagerada  cantidad de  triglicéridos  y colesterol , también ser obeso es una dificultad a la hora de enfrentar un ataque severo, de allí te recomiendo  comuniques a todos que se debe mejorar  la dieta y los malos hábitos, se deber  comer  saludable  y  no  comida  que  la  llaman chatarra, todas éstas  anomalías  lamentablemente hacen que  el torrente sanguíneo  se sobre cargue  y el flujo  se entrampe en los vasos sanguíneos,  los virus Sars Cov 2 son  demasiado grandes  lo que  dificulta  aún más  el tránsito en el flujo sanguíneo.

— Sígueme  contando Talía,  tu  historia  es  fascinante  e increíble  - le pedí suplicante.

— El sistema inmune del humano    aún no reconoce al nuevo virus, por lo cual pasa e ingresa en su cuerpo sin ser advertido, primero por    la nariz o la boca, luego al esófago y diafragma algunos virus pasan al sistema digestivo y además a otros órganos, los demás pasan a los pulmones donde    encuentran el medio apropiado para hospedarse y replicarse, los científicos estudian día y noche las características del nuevo virus, sin resultado alguno.

— La enfermedad producida Covid 19 ya ha matado a cientos de miles de personas en todo el mundo. –continuó hablando Talía.

— Si.  Eso es lamentable - le dije- pero ¿qué ha pasado contigo?  te noto media rara,  ¿porqué  no me escribes  o me llamas al whats app en forma normal  y solo podemos vernos  en sueños?

— Te voy a seguir contando -prosiguió Talía- el trabajo  era duro  y después que cerraron la ciudad e impidieron que la gente transitara libremente,  ese día que  se dieron las disposiciones,    nos encontrábamos encerradas en el laboratorio,  la policía    no permitía que nadie transitara en la calle, empezó a   capturar a la gente que no cumplía con el confinamiento,  nosotras teníamos mucho miedo, estábamos muy asustadas y nos quedamos  adentro del laboratorio,    pasaron horas no sé cuántas, cuando intentamos salir las puertas estaban cerradas,    habían



La Sospecha mi experiencia con Covid - 19

cortado la energía eléctrica  y   las señales de  wi fi no teníamos  carga en los celulares y no teníamos  como comunicarnos  con  la  gente  de  afuera,  en  nuestra desesperación caminamos  en la noche,   tropezándonos con   todo en medio de la oscuridad,   involuntariamente, chocamos con los escaparates que contenían  las probetas de  los virus  y nos infectamos.


— Afuera del laboratorio,  en la ciudad   la rutina  de la cuarentena    seguía,  pero nosotras estábamos  allí encerradas, indefensas e  infectadas, muriendo de hambre y de sed,   al parecer  pasaron dos días y sentíamos diversas sensaciones raras en nuestros cuerpos, el efecto de miles de virus y   de diferentes clases,  nos afectó de una manera especial,  luego de  algunas horas, pasó algo misterioso,  ya no éramos las mismas,  éramos  como si parte de nosotras  siguiéramos  como  seres humanos y otra parte como si fuéramos  parte del virus.


— Con  las  cualidades  únicas  y  nuevas ya no sentíamos hambre como seres humanos ahora  nuestras sensaciones eran diferentes, solo teníamos que   replicarnos en seres humanos,  teníamos  la  facultad  de salir    en forma microscópica de    allí  y pensamos invadir el mundo, transportarnos en cada viajero y replicarnos por millones, pronto  la humanidad entera  se enfermaría  y muchos morirían, nosotras convertidas en virus sobreviraríamos, el mundo sería nuestro.


Rodolfo Velazco Cervantes

— Eso pensamos en un primer momento,  eran solo delirios, de  quien está con la enfermedad, logramos  obtener algo de alimento en los almacenes del   laboratorio y poder sobrevivir  así  unos días sin poder salir  de allí,  luego de un tiempo, cuando pensamos que la vida ya se  terminaba para nosotras, llegó el  hombre que  hacia vigilancia en el laboratorio,  abrió  la puerta, nosotras   estábamos casi asfixiadas,   calculamos  que pasamos   encerradas dos semanas, los síntomas se desaparecían poco a poco,  la sensaciones de asfixia    se alejaron, nuestros corazones volvieron a latir pausadamente, la fiebre también se fue, sabíamos que estábamos  salvas la puerta del almacén  se mantenía cerrada y  por más que gritábamos  el guardián no nos escuchaba, recargamos nuestros celulares  en los pocos minutos que el guardián   encendió  las luces y subió  las palancas de la energía eléctrica,   al parecer  se dio cuenta  del accidente cometido  al tropezarnos,  las probetas de virus derramadas por el suelo,   algunas no rotas las colocó en su lugar  y barrió las  demás,   pero no se le ocurrió ir por  donde estábamos nosotras, tampoco optó por llamar a las autoridades, tal vez pensó en no comprometerse,   luego de un corto tiempo,  otra vez todo se apagó.

— Nuestra ilusión  de  salir  vivas  de  allí  se  esfumó, lamentamos    el momento y nos resignamos a morir en aquel lugar, el laboratorio seria nuestra tumba para siempre.

— Qué horror, Talía  ¡Cuánto habrán sufrido!  -le dije
tiernamente.

— Si, en esos  últimos momentos  sabíamos que la vida se
iría para siempre,  creo que  Dana  al igual que yo,
pensamos  en la despedida  de la vida,  en el final, no
tenía mucho que lamentar y pedir, solo tenía a mis padres
todavía vivos  y ellos no sabían nada de mí, cuando los
llamamos  por celular  no  nos  contestaron,  no  tenía
hermanos ni novio  de quien despedirme,  solo unos
pocos amigos,  me encontraba sola  como siempre  lo
estuve,  y me preparé para morir,  soñé  en que si la vida
me  daba  una  oportunidad  para  seguir  viviendo  ¿qué
haría?  ¿que no hice?,  pensé en ti, en la conversación
que no la terminamos, en los momentos  que pasamos en
tu patria  y pensé que  me hubiera gustado volver a ese
momento lleno de vida y de alegría, del ayer, me toqué
instintivamente de la mano con Dana, para saber que no
estaba tan sola, y ella también me cogió la mía, sentí que
nuestras almas estaban juntas y quizás también nuestros
pensamientos.

— El final tendría que llegar,  moríamos de inanición,
pronto la debilidad  más  las secuelas de la enfermedad,
acabarían   definitivamente   con   nosotras,   nos
debilitábamos  más, la tos  nos mataba,  habíamos pasado
el periodo sin medicamentos ni tratamientos, ni cuidados,
pero sabíamos que nuestra neumonía causada por el virus
nos aniquilaría,  no teníamos antibióticos ni forma de
salir,  moríamos , era nuestro destino,  el cuerpo moría
pero la mente  estaba viva, no teníamos  ya fuerzas para
hablar,  pronto la asfixia nos ahogaba más,  pero más
que el virus moríamos por  debilidad, supimos que  la



Rodolfo Velazco Cervantes

humanidad podía superar  al virus,  que la enfermedad
podía ser leve, media y severa, éramos jóvenes las dos  y
resistimos, fueron  otros factores los que nos aniquilaban,
en nuestro último día de existencia  no tuvimos la suerte
que  alguien  nos auxiliara,  antes  de morir  juramos con
Dana proteger a las personas que realmente lo  pidieran,
quizás nuestras almas viajarían eternamente por el mundo
y fue así que tú el día 20  de septiembre  le pediste a Dios
protección  con tanto amor y con tanta fe.

—   Entonces, Talía, - tú, tú ¿tú estás muerta? - balbuceé con
    lágrimas en los ojos.

—   Si -  yo ya no estoy en tu mundo, soy   como un alma
    en el espacio, - dijo ella- pero no temas.

—   Pero. yo creía lo contrario de ti, - le dije.

—   ¿Cómo lo contrario?  - Me preguntó Talía.

—   A ver, mira,   esa noche del 20 de septiembre,  yo tuve
    muchas  pesadillas,  -hablé  lentamente-      en  esos
    momentos  horribles  que pasé aquella noche,   cuando
    sentí que  la tos me ahogaba  y que de seguir tosiendo,
    millones de partículas  en mi diafragma me ahogarían,
    que  mis pulmones   se terminarían de  complicar con
    la neumonía,  y que los nuevos virus -justamente por esos
    días- saldrían de las células  pulmonares para     invadir
    otras células y  seguir  replicándose hasta invadir todo
    el  pulmón y  así matarme,   te escuché en mi fiebre que

me decías "Vamos Manuel , ven conmigo,  es hora que seamos reyes del mundo, gobernaremos los dos eternamente" en mis sueños, en  esas  pesadillas,    creí que eras tú la reina del virus,     que eras la que comandaba toda esa especie  y que   me querías matar, por eso pensé   y rogué a Dios me protegiera porque esa noche me sentí tan mal,  igual sucedió al día siguiente cuando la tos me ahogaba  mi pecho  , sentía que  el corazón iba a fallar   y me asfixiaría,  finalmente lo mismo   sucedió  la tercera noche    la del día martes, cuando también logré vencer a la muerte,  pero esta vez fue con Dana, con la que discutimos y peleamos.


— Recuerdo la noche del domingo 20 de setiembre,  era una lucha  de poder a poder   sentía que tú eras quien quería que muera, tú Talía,  me decías que   ya había cumplido mi tiempo entre los míos, que era hora de partir,  que te acompañe para siempre,  que  yo sería tu rey y tu mi princesa, que reinaríamos por siempre y eternamente la tierra,  que como una  nueva raza   serias la reina  de todas las especies  y yo te refuté , con mis principios, te decía que     la humanidad es buena, no todos son perversos,   que no  había razón para desaparecerla,  me decías que la humanidad tenía mucha maldad y muchos errores, en su  ambicioso plan lleno  de egoísmo quería destruir la naturaleza,  invadir los hábitats de  las otras especies,   que había invadido la amazonia,  que    no cuidamos los ecosistemas  de la  tierra ni el mar , ni el aire, que estábamos envenenando  el mundo con las industrias, con las emisiones de CO2,  que talábamos árboles sin control,  que eran los pulmones del mundo, que arrojábamos la basura  de millones de desperdicios

al   mar contaminando las aguas  y  matando a  las  otras
especies.


— Te di la razón en parte    pero aún defendía    a mi
humanidad -te hablaba-    que éramos los reyes de la
creación   que es  cierto  que teníamos muchos errores
que lamentar, la nueva gente con más capacidad y razón
subsanaría los errores,    me decías que éramos malos y
egoístas, que    no deberíamos  existir, que   solo nos
interesaba  lo  material  y  que  habíamos  dejado  lo
espiritual,  el amor  ya no existía,   habíamos  matado el
sentimiento  y el motivo más hermoso  de la creación.


— Que las familias  ya no se amaban y yo te dije que no,
que yo amaba  a mi familia más que a nada en el mundo,
que tenía una esposa buena  y unos hijos adorables,  tú no
sabías    de ese amor  porque nunca lo habías conocido,
sin embargo  yo  sentía mucho de admiración y cariño
por ti, tenía  algo de amor por ti,  porque eres buena ,
porque me simpatizaste porque en el fondo   me deseaste
lo mejor, porque trabajamos juntos para    dar felicidad a
los demás  y te fui convenciendo y por eso me   dejaste
vivir aquella primera noche.


— Sin embargo la segunda noche, otra vez  querías llevarme
contigo,   deseabas que muera porque yo mismo era un




La Sospecha mi experiencia con Covid - 19

tipo egoísta, con muchos defectos,  era un tipo odioso y antipático, que hacia sufrir a mi esposa , era egoísta hasta con mis hijos,  lo reconocí  te pedí perdón, te dije que no era perfecto,      pero si tenía la facultad  de reconocer mis errores y la opción de corregirlos,  que era humano el dar una oportunidad,  me defendí como pude con razón  y con el corazón y   tú también a pesar que eras  solo materia,  un poco de ARN, que tu genoma era tan solo unas cuantas proteínas, que  yo  comprendía millones  de  millones  de  tus   estructuras,      que   no necesitaba matar  como lo estabas haciendo tú para vivir y te convencí.

— Por fin   tú dabas  tus últimas razones,  que ya como humanidad habíamos existido en el universo  millones de años y que  era tiempo de  dar pase a una nueva especie: los virus que dominarían el  mundo,  ante tal seguridad y fortaleza casi decaigo,  no tenía razón para    luchar más, sabia en mi interior que tus  razones, tenían peso,   pero también la humanidad tenía razón para seguir  existiendo, te propuse  una paz y una tregua,  que podíamos co existir;  al  entrarte duda por lo que te dije,  tu prima Dana salió al encuentro,  te dijo que no te dejes convencer,   porque ustedes ya lo habían planeado, prevalecerían sobre el género humano, en ese momento actuamos   serenos, los términos  de  seres educados y pacientes llegaban a sus límites, pensé en esos segundos, que  era una lucha frontal  y decisiva,  era la vida o la muerte, pensé  en la pronta invención de las vacunas, nuestro organismo en forma natural   se defendería  ante el enemigo, pero aún faltaba mucho,   si el virus lo deseaba podía   exterminarnos en poco tiempo antes que la humanidad pudiese reaccionar o defenderse,   pero también   en mis últimos  pensamientos sabía que todo



Rodolfo Velazco Cervantes

ser vivo  tiene un punto débil , ese era el origen de donde vino,  como  empezó, para conocer más.

— Recordé lo que me dijiste tiempo atrás  y lo que decían los científicos, el virus provenía  de un ancestro el cual era  el murciélago, pensé rápidamente,  el murciélago es el hospedador natural  por qué no se asfixia,   porque algunos   humanos ni lo  sienten porque sus vías respiratorias  y  circulatorias  estaban  ampliamente desinflamadas, esta era   la  vía  para  que  los  virus ingresen al cuerpo hagan su ciclo y salgan, no tuvieron la opción de replicarse en las células,  no todos los humanos debían  o  podían  morir  como   amenazaba  Talía, entonces  no era tan verdad sus amenazas  además  en los casos severos uno se podía salvar   y era el estar en la posición de los murciélagos el  estar echado boca abajo .

— En ese momento de   lucha intensa cuando se acabaron los buenos términos y llegaste  a violentarte, tomé valor antes de rendirme,   solo atiné a   decir, mira estás exaltada y así no vamos a llegar a un feliz término, mejor dejamos la controversias y lo decidimos mañana,   allí decidimos si me llevas o no,   te destruyo o me destruyes, vi que enfureciste  como para darme el toque final, llena de cólera  arremetiste contra mí y solo logré  darte la espalda y posesionarme boca abajo , para no verte,   esa era la posición   para   deshacerme de ti, recordé en un instante  las películas de vampiros  la forma de  matar  a esos seres misteriosos era el ponerle una estaca en el corazón, para el virus  Sars CoV 2  era el  posesionarse boca abajo y así evitar su ataque  final y así lo hice.

— Fue así que me salvé esas noches de horror, pues ustedes tampoco tenían la verdad absoluta.

— Sobre ese aspecto -habló Talía-  tus   creencias   fueron producto de tu fiebre y de lo innato de tu sistema inmune, a pesar que   las células no reconocen al virus, el cerebro reacciona  frente a los invasores ¿has oído de la tormenta de citosinas?

— Si – le contesté -  es la reacción de las células, el sistema inmune   reacciona en forma descontrolada para emitir un exceso de   defensas, de anticuerpos.

— Efectivamente, así  como     producen anticuerpos en exceso y pueden atacar a las mismas células y ser perjudicial, también tu cerebro   se excedió en el pensamiento, suponiendo   ese rol de mi parte, tenías dudas y pensaste todo eso en medio de la fiebre   y de los tormentos de esas noches, ahora te aclararé lo que realmente sucedió  -dijo Talía serenamente.

— Los virus  habían invadido tu scr,  dc allí los dolorcs musculares en todo tu cuerpo,   la velocidad con que actuaron tu hija Penélope y su esposo fue un factor  para que te  adelantaras   a los ataques del virus,  si te hubieras retrasado   nadie   te pudo haber salvado  en aquellas noches,  no obstante, la  noche del domingo 20, te diré que el ataque fue masivo, tú estabas destinado



Rodolfo Velazco Cervantes

para morir esa noche, millones de virus abandonaron a sus células hospedadoras e invadieron durante  todo el día a otras, la resistencia  era mínima    millones de células  ya fueron invadidas,  no tenías  otra opción,  yo me acerqué a ti,  como tu Ángel Protector aquella noche que pediste  con tanta fe,  pediste  al Creador te cuidara esa noche,  yo te conocía, eras una persona  que  debías quedarte aún  más tiempo en la tierra,  tenías sueños que alcanzar, tenías  una familia a quien asistir,  eras amado por  todos, el dolor que iba  causar tu muerte destrozaría a  tu familia ,   ellos iban a sufrir por ti  y  esa noche te cuidé,   yo sabía que    tenía que defenderte para que no mueras,   me enfrenté  a  los  virus,   mi  estructura espiritual  es una    cuarta dimensión por así decirlo,   es más densa y pequeña que lo material,  estaba unida a ti con el pensamiento,  luchaste mucho esas noches,   con cada razón  que dabas justificabas  tu  presencia   y tu existencia y con eso también me   dabas fuerza para luchar  a tu favor.

— También  te  salvó  que  tus  vías  no  estaban  tan congestionadas tu organismo  de alguna manera ayudó a que  los virus no se entrampen en cada vaso sanguíneo, en cada vena, el oxígeno  se transportaba  con dificultad y allí nosotras  logramos  materializar una fuerza, para empujar a los oxígenos necesarios hacia  tus pulmones, fueron horas de esfuerzo, por eso es que   luego de tres horas  de dificultades despertaste  acabado el peligro , estabas sudando copiosamente, logramos  que tu corazón no se paralice,  tu posición de estar boca abajo también nos ayudó  a  que el esfuerzo  desplegado por nosotras pueda darse,  fuimos nosotras  las que te salvamos esa y las otras dos noches   con  la misma fuerza , para la cuarta noche ya estábamos cansadas,  por suerte,  los virus   empezaron a  salir de tu organismo por cientos de millones, nuestra  existencia tal vez acababa  contigo, hoy   vinimos a despedirnos  de ti, hemos estado  en comunicación estas dos últimas noches  en el hospital,  a partir de ahora  nunca más   nos volveremos a ver, solo queríamos aclarar lo sucedido.


— Quedé perplejo al conocer la verdad, yo que creía hasta ese momento que Talía y Dana eran las que   querían que muriera y era   lo contrario, ellas me salvaron de morir, mi gratitud   era infinita.


— Gracias Talía , gracias Dana, las tengo en mi corazón, - les dije- el día que vine al hospital,  estaba tan cansado y tan confiado que el virus ya se había alejado de mí  y  eso me daba fuerza mental, sabía que estaba libre de contagio,  pero  no sabía  que los días posteriores  aún el peligro  me rondaba,  siento  que la cabeza  a ratos me va a estallar, tengo fiebre y estoy en el hospital,  tengo sueños que no recuerdo, pero ahora sé  que eres tú   la que  se me apareció  anoche  y hoy.

— Entonces  ¡tu fuiste el ángel protector! - continué hablando-  En ese momento   me entraron deseos de llorar, me abracé a Talía  muy fuertemente y en eso desperté, era sábado 26 de setiembre.

Sentí un aplauso muy fuerte, que me despertó de mi hipnosis, era José Luis que me traía al momento actual.

—  ¡Es increíble lo que   has vivido¡ - habló en voz trémula- sino fuera esta grabación pensaría que yo estoy loco.

—  Ahora que ya recuerdas cosas, me podrías decir ¿qué pasó la mañana del sábado?

—  Ya era amanecida, era la mañana del sábado, -le comentaba al psicólogo-   ellas habían partido al infinito y quizás hasta siempre y hasta nunca, hasta siempre porque las recordaría todo el tiempo y tal vez nunca, porque jamás    sabría de ellas, mi cabeza    ese día amaneció despejada, mediante los sueños o delirios ciertos o no    había conocido más de esta extraña enfermedad y me sentí liberado y contento.

Enseguida, José Luis me pasó la grabación a mi celular para que yo la pudiera escuchar con Emili,  esa sería  la prueba de  mi experiencia con la Covid 19  y la relataría  en una obra.

19 de Noviembre del 2020: Hoy es el final de la aventura, escribo la presente historia para todos  los  que  sufrimos  la peor y la más horrible  de las pesadillas,   he aprendido mucho, que se resumen  en  tres  acciones:  Primero,  para evitar  el contagio, aparte de  las recomendaciones dadas por  la OMS, es necesario llevar un  atomizador de alcohol, para desinfectarse las manos constantemente,   Segundo,   para    fortalecer    el   cuerpo, específicamente el sistema respiratorio es necesario tomar los

mates con hojas de eucalipto, no se debe vivir con miedo ante el virus, se debe mantener una vida sana y responsable, Tercero, si uno  ya está enfermo  debe permanecer boca abajo el mayor tiempo posible para ayudar a respirar a los pulmones y  tener el apoyo médico necesariamente.

Hoy ante la alerta de contagios de una segunda ola, los gobiernos determinan confinamientos en las ciudades, cierre de aeropuertos y fronteras, se instan emergencias nacionales, se practica las recomendaciones de la OMS, uso de mascarillas, distanciamiento social y la higiene de manos. Aparte de estas medidas  la experiencia ha demostrado que  la forma de vida de las  sociedades  influyen  en la salud  general del ser humano, por la Covid 19 se demostró que las personas que sufren de morbilidades como  hipertensión, diabetes , enfermedades respiratorias y obesidad  pueden correr más riesgos de sufrir un embate  severo del Sars CoV2,  que puede llevar  a la muerte  a tales  personas.  Lo que es más notorio y comprobado es que  las personas obesas y fumadores de ser contagiados por el SARS CoV2 , tienen el mayor riesgo de morir  por Covid 19 asumiendo igual riego o mayor inclusive  al factor edad.

El mundo moderno ha crecido con la migración de personas del campo a la ciudad, por lo tanto se vive en constante estrés, el trabajo, las distancias y  la comida rápida, son factores que inciden en la salud física y mental, la comida rápida trae consigo la  acumulación  de  azúcares,  colesterol  y  triglicéridos dificultando la circulación,  la aterosclerosis es un padecimiento general  de la población y es por desgracia el organismo  ideal para   la replicación del SARC CoV2 , la cual  trae como consecuencia la neumonía  causada por dicho patógeno, la enfermedad Covid 19 sino es tratada a tiempo causa la muerte.


Rodolfo Velazco Cervantes

No es suficiente el colocar los sellos: "Altos en azúcar", "Altos en grasas" en las envolturas de los alimentos que se expenden en las tiendas y súper mercados y que son consumidos por la población; la industria alimentaria moderna debe hacer los esfuerzos por mejorar la calidad de los alimentos evitando el uso del azúcar y grasas excesivas, en coordinación con el Organismo Mundial de la Salud y los gobiernos del mundo.

Analizando el cuadro actual  de los países con  Covid 19, podemos apreciar rápidamente  que  los primeros 20 países  son de Occidente  con  excepción de la India,  Irán y Sudáfrica, en cambio los países de Asia,  de Oceanía y África, reflejan  un bajo número de contagios y muertes.

Los países asiáticos aplicaron severos confinamientos, pudiendo superar las crisis presentadas, la situación actual también es resultado de las teorías conspirativas creadas por nuestra educación e ideas libertarias, teorías que negaban la existencia del virus y creando una falsa expectativa a comienzos de marzo, lo que retrasó la toma de decisiones en gobiernos occidentales, cuando reaccionaron el virus ya había invadido el mundo occidental.

En la actualidad existen miles de opiniones de científicos, sociólogos, economistas y políticos  comentando sobre la Covid 19, la mayoría  de opiniones   las recibimos de Europa o de los Estados Unidos,  Latinoamérica también tiene voz, para opinar, pero los medios de comunicación  de los países desarrollados no nos  escuchan.

El mundo es como una gran familia, Estados Unidos y la Unión Europea son como los padres, los hijos somos los latinoamericanos, nuestros parientes o primos los oceánicos, nuestros padres, nos creen aún que somos menores, como niños de 7 a 10 años de edad y no piensan que somos jóvenes ya, con pensamientos propios y buenos, los que nos falta es que nos dejen desarrollar y poderles ayudar, los países del mundo oriental pasarían a ser nuestros parientes, y a la vez rivales de nuestros padres, los tíos serían Rusia y la China y nuestros primos, los países asiáticos y africanos, todos somos familia, el género humano y nuestra gran casa el hermoso planeta Tierra, debe ser un hogar compartido, todos somos familia y sin embargo ni nos escuchamos, cada uno camina por su sendero y hace lo que quiere.

En nuestra familia pequeña, compuesta por Emili, Penélope, Matías y yo, hemos conversado, para hacer el cierre final de esta historia, creemos que la formación y educación, el medio ambiente en el que se crece y se forman las personas es vital, la palabra libertad, se confunde con indisciplina. De otra parte somos conscientes que la humanidad está altamente frustrada causadas por el gran daño psicológico, por el miedo, por la nueva forma de vida, por las medidas que restringen la libertad, se prohíbe estrechar las manos, dar los abrazos y besos, se nos ha obligado a permanecer encerrados, se ha prohibido hacer la vida social, se ha obligado el uso de tapa bocas, el hombre ha dejado de respirar el aire de la naturaleza, todos desean el retorno a la vida anterior a la llegada del virus, ¡todos deseamos libertad!

Aún queda la sospecha del verdadero origen del virus si fue zoonótico o creado en laboratorio, queda la sospecha que la sospecha que el virus, el paciente cero fue detectado en una



Rodolfo Velazco Cervantes

fecha anterior a la oficial, al momento no importa su   origen, lo que importa es que la humanidad pueda vencerlo.

China hizo el confinamiento total en algunas regiones de su país y han superado    la propagación del Sars Cov2, en cambio en occidente   se sufre de una segunda ola de contagios, al no haber cumplido estrictamente cuarentenas decretadas por los gobiernos, la única opción que queda para occidente es la vacuna o la aplicación de una cuarentena total y absoluta de tan solo 15 días.

Es noviembre y la vida sigue igual, la gente usa barbijos, guarda el distanciamiento social   y aún tiene miedo, los científicos hablan mucho de la vacuna y su efectividad, parece que pronto será realidad, todos estamos esperanzados en que así sea.

Pasan las semanas y el recuerdo de Talía todavía permanece en mi mente, veo su figura que se desvanece a la distancia, solo me queda el poder ayudarla a  combatir al virus que cortó su  existencia,  prometí  desaparecerlo de la faz de la tierra  con tan solo  posesionarme " boca abajo".


F I N

# <u>Epílogo</u>

Manuel, Emili, Matías  y  Penélope, en los siguientes meses  se recuperaron de sus  malestares  y desarrollaron una vida  normal y sana, estaban aún  dentro del periodo  de  crear sus propias defensas naturales.

La segunda ola de contagios llegó  en el mes  de octubre del 2020 a Europa, los países más afectados fueron Francia, España, Italia, Alemania, Rusia y Reino Unido, ocupando en diciembre al finalizar el año 2020  los  primeros puestos  de contagios en el mundo.

En cuanto a Perú,  para diciembre,  continuaba la situación de emergencia nacional, pero  con  menos  restricciones,  el ambiente general  tornaba a una pronta normalidad, asimismo  en diciembre se notó  una  gran reactivación de la economía por motivo  de  la Navidad,  también  las  autoridades  sanitarias autorizaron la adquisición de vacunas a laboratorios europeos, para administrar las vacunas  en marzo y abril del 2021.

El día 08 de diciembre del 2020,  se inició la vacunación contra la Covid 19 en el Reino Unido,  marcando un hito  en la historia  dc la humanidad,  con cstc hccho  cxistía  Un Antcs y Un Después.

<u>**Sobre esta Historia**</u>

La Sospecha mi experiencia con Covid 19, es uno de los relatos más fascinantes y apasionados ocurridos   durante la pandemia del año 2020. La historia narra los inicios de los confinamientos en el mundo occidental, Manuel Cervantes es el narrador involucrado en una serie de acontecimientos ocurridos en Perú, expone en una primera fase las acciones llevadas a cabo por el gobierno, para finalmente determinar la sospecha sobre cuál fue el factor que determinó el nivel de retención al virus. En una segunda parte detalla  los acontecimientos ocurridos a través del contagio por Covid 19 en toda la familia y las acciones  que se desencadenan  por este motivo, quedando la sospecha cuál fue el lugar y circunstancia de ser contagiado, finalmente en la tercera parte expone los hechos trascendentales de la expansión del virus por todo el mundo, cuenta la historia de dos extrañas chicas Talía y Dana que  son originarias de Wuhan, lugar del origen de nuevo coronavirus, desatando  situaciones inimaginables, queda como sospecha que el origen del Sars CoV2,  no ocurrió  en las fechas indicadas.

# INDICE





Rodolfo Velazco Cervantes